길이요 진리요 생명이신 그리스도

Christ, the Way, the Truth, and the Life

이 도서의 국립중앙도서관 출판예정도서목록(CIP)은 서지정보유통지원시스템 홈페이지 (http://seoji.nl.go.kr)와 국가자료종합목록시스템(http://www.nl.go.kr/kolisnet)에서 이용하실 수 있습니다.
(CIP제어번호 : CIP2019013713)

길이요 진리요 생명이신 그리스도

윌리암 켈리 지음 | 이종수 옮김

형제들의 집

역자 서문

부분이 아닌 전부의 그리스도가 복음이다!

이 세상은 죄와 죄로 인한 타락에 의해서, 온통 황폐화되었다. 하나님께로 가는 길이 봉쇄되었고, 천사들이 두루 도는 불 칼을 가지고 그 길을 지키고 있다(창 3:22-24). 우리 자신의 힘으로는 하나님께 나아갈 수 없게 되었고, 세월이 흐르면서 그야말로 하나님께로 가는 길이 우리 눈 앞에서 사라져 버렸다. 그 결과, 우리는 길을 잃고 헤매는 신세가 되었다. 우리에겐 하나님께로 가는 길(the Way)이 필요하다. 지금까지 애쓰고 수고 했던 우리의 길이 아니라, 전혀 새로운 길이 필요하다.

게다가 우리에겐 진리가 필요하다. 빌라도는 "진리가 무엇이냐?"(요 18:38)고 물었다. 하지만 그의 말은 너무도 공허했다. 정작 진리(the Truth)이신 분을 자기 앞에 두고도 그런 어리석은 질문을 했다. 오늘날 많은 사람들이 그런 어리석음에 빠져 있다. 왜 그런가? 진리를 볼 수 있는 영적인 안목이 없기 때문이다. 그래서 우리 자신이 지은 죄들이 항상 우리를 쫓아 다니며 우리 양심을 괴롭힌다.

진리는 우리를 자유롭게 해주며, 죄의 종 상태에서 벗어나게 해준다(요 8:32-36). 게다가 진리는 우리를 거룩하게 해준다(요 17:19). 당신은 죄에서 자유를 얻었으며, 거룩함을 얻어 성화의 삶을 살고 있는가?

오늘날 구원을 받았노라고 입술로 고백하는 사람들의 삶을 보라. 그들에게서 영적인 자유와 거룩한 삶의 향기가 있는가? 없다면, 아직 진리를 알지 못하는 것이 분명하다.

  이제 길과 진리를 아는 사람들에게 필요한 것은 생명이다. 그리스도의 생명은 "나를 보내신 이의 뜻을 행하며 그의 일을 온전히 이루는 것"(요 4:34)이었고, "근본 하나님의 본체시나 하나님과 동등됨을 취할 것으로 여기지 아니하시고 오히려 자기를 비워 종의 형체를 가지사 사람들과 같이 되셨고 사람의 모양으로 나타나사 자기를 낮추시고 죽기까지 복종하셨으니 곧 십자가에 죽으시는"(빌 2:6-8) 것이었다. 그렇다면 잠시 우리의 과거를 돌아보자. 과연 하나님의 뜻을 행하며, 아버지의 일을 온전히 하는 일에 전적으로 헌신된 삶이었는가? 과연 죽기까지 순종하는 삶이었는가? 아니면 자신의 욕심과 욕망을 채우려는 몸부림은 아니었는가?

  하나님 우리 아버지의 뜻은 우리가 그리스도의 생명으로 사는 것이다. 즉 그리스도를 나의 생명으로 삼는 것이다. 여기에 도달하지 못하는 것은 참 기독교가 아니다.

성경에서 말하는 참 기독교가 아니라, 빈약하고 피상적인 신앙으로 전락하게 된 것은 우리가 "길이요 진리요 생명"이신 그리스도를 전부가 아니라, 일부만을 받아들였기 때문이다. 우리의 다급한 필요만을 채우고서 정작 그리스도는 문밖에 세워두고 있기 때문이다.

우리는 이제 일부의 그리스도가 아니라, 전부의 그리스도를 받아들여야 한다. 전부의 그리스도가 아니라면, 절름발이 신앙을 가질 수밖에 없다. 우리는 이 책을 통해서, 일부의 그리스도가 아니라 전부의 그리스도를 믿고 받아들이는 법을 배우게 될 것이며, 진짜 복음이 주는 희열을 맛보게 될 것이다.

역자 이종수

차례

역자 서문·······································04
제 1장 길이신 그리스도·····················11
- 도마의 질문, 모든 사람의 필요성
- 길을 잃어버린 존재로서 가련하고 불쌍한 사람
- 성경에서 말하는 길의 의미
- 아담의 타락과 세상의 폐허 때문에 상실하게 된 하나님께로 가는 길
- 아버지에게로 가는 유일한 길
- 다른 길은 없다

제 2장 진리이신 그리스도·····················43
- 진리란 무엇인가?
- 하나님, 사람, 그리고 모든 것의 실상을 드러내는 일을 하는 진리
- 진리가 없다면, 사는 내내 두려움과 공포심으로 떨 수밖에 없다
- 우리가 지은 죄들을 해결할 수 있는 유일한 방법

- 하나님의 실체를 보여주는 진리
- 진리가 우리에게 하는 일

제 3장 생명이신 그리스도·······················65
- 그리스도는 누구신가
- 그리스도께서 이 세상을 사셨던 생명
- 우리 생명과 삶의 실체
- 하나님을 의존하고 하나님을 기쁘시게 해드릴 수 있는 생명
- 그리스도의 생명으로 사는 것이 하나님의 뜻이다
- 신자의 탁월한 삶과 행실은 그리스도의 생명으로부터 나온다

"내가 어디로 가는지 그 길을 너희가 아느니라
도마가 이르되 주여 어디로 가시는지
우리가 알지 못하거늘 그 길을 어찌 알겠사옵나이까
예수께서 이르시되
내가 곧 길이요 진리요 생명이니
나로 말미암지 않고는
아버지께로 올 자가 없느니라." (요 14:4-6)

제 1장 길이신 그리스도
Christ the Way

"내가 길이다." (요 14:6)

이 구절은 세상 남자, 여자, 그리고 아이들까지 포함해서 모든 사람에게 매우 중차대한 말씀이다. 주 예수께서 친히 하신 말씀 가운데서 이 말씀만큼 우리의 심령을 고무시키는 말씀은 없을 정도다. 우리는 이 말씀을 통해서 하나님이 정하신 방향성을 보게 된다.

도마의 질문, 모든 사람의 필요성

도마는 "주여 어디로 가시는지 우리가 알지 못하거늘 그 길을 어찌 알겠사옵나이까?"(요 14:5)라고 물었고, 주님은 "내가 곧 길이요"라고 대답하셨다. 주님의 말씀 속엔 도마의 질문에 대한 대답, 그 이상의 의미가 있다. 이 말씀은 도마, 한 사람의 필요를 충족시켜주는 것이 아니라 이 세상 모든 사람의 필요를 충족시켜주기 위한 것이다. 우리 주님은 무수한 청중들에게 이 말씀을 하고 있는 것이 아니라, 혼돈에 빠진 제자들에게 말씀하고 있다. 게다가 이 말씀은 분명한 적용을 목표로 하고 있다. 주님은 이 말씀을 회심하지 않은 사람들에게 하고 있는 것이 아니라 유대인의 편견에 사로잡힌 제자들에게 하고 있다. 하지만 나는 이 말씀을, 질문하고 있는 제자들에게만 적용하지 않을 것이다. 왜냐하면 이 말씀 속에는 어둠 속을 헤매고 있는 영혼들에게 주는 분명한 메시지를 담고 있기 때문이다. 여기엔 진리를 알되, 부분적으로만 알고 있는 신자들을 위한 하나님의 분명한 메시지와 영적인 도움이 있다. 많은 신자들이 알고 있는 진리의 지식은 빈약하기 짝이 없다. 사실 신자라고 해서 이 세상의 현자도 아니고, 하나님의 일에 관해서 모든 것을 알고 있지도 않다. 성경은 이 사실을 보여주고자 애를 쓰고 있다. 제자들은 그들 속에 무슨 장점이 있어서 선택을 받은 것이 아니다. 게다가 성경은, 그들이 복음을 빛나게 하는 일을 조금도 거들 수 없었음을 보여준다.

그래서 사도 바울은 "형제들아 너희를 부르심을 보라 육체를 따라 지혜 있는 자가 많지 아니하며 능한 자가 많지 아니하며 문벌 좋은 자가 많지 아니하도다 그러나 하나님께서 세상의 미련한 것들을 택하사 지혜 있는 자들을 부끄럽게 하려 하시고 세상의 약한 것들을 택하사 강한 것들을 부끄럽게 하려 하시며 하나님께서 세상의 천한 것들과 멸시받는 것들과 없는 것들을 택하사 있는 것들을 폐하려 하시나니 이는 아무 육체라도 하나님 앞에서 자랑하지 못하게 하려 하심이라"(고전 1:26-29)고 말해야만 했다.

길을 잃어버린 존재로서 가련하고 불쌍한 사람

그렇다면 하나님은 육신의 교만을 허용하지 않으실 뿐만 아니라, 인간이 하나님의 일을 가치 있게 만들 수 있다고 착각하는 일이 얼마나 어리석은 일인지를 보여 주신다. 하나님은 사람을 그저 잃어버린 죄인, 그 이상도 그 이하도 아닌 존재로 보신다. 도마가 길(the way)에 대한 질문을 했을 때, 제자들의 생각은 여전히 이스라엘의 지상에 속한 약속 실현에 대한 기대감으로 가득 차 있었다. 하지만 약간의 시간이 지나고 나서, 그들의 모습은 얼마나 달랐는가! 여기서 우리는 도마가 또 무슨 말을 했는지 전혀 알 수 없다. 과연 도마는 이후 잘 해나갔을까? 이 경우, 말할 것이 많지 않다.

대부분 역사를 만드는 것은 사람들의 음모와 야망과 사람들의 다툼과 투쟁이었다. 악을 회피하거나 악을 쫓아내려는 시도도 있었다. 종종 성공했지만, 대부분 실패했다. 항상 선과 악의 싸움이 있었고, 악은 종종 우세했다. 그렇지만 선이 항상 승리하는 때가 오고 있다. 물론 아직 그때가 온 것은 아니다. 이런 인간의 역사 속에서 정말 가련하고 불쌍한 존재가 있다면 그것은 사람이다. 하지만 하나님의 생각을 마음의 중심에 품은 사람이신 그리스도께서 계시다는 것이 참으로 놀랍다. 그리스도는 여기 뿐만 아니라 모든 곳에서 하나님의 목적이신 분이시다.

　하나님의 마음에는 항상 한 사람이 있었다. 이 사실은 그리스도께서 사람이 되시기 전 수천 전부터 표현되어 왔다. 그분은 완전 자체이시며, 하나님을 모든 면에서 대적하는 사람들을 구원하고자 오신 하나님이실 뿐만 아니라 완전한 사람이시다. 여기서 우리는 한 사람 속에 다른 어디서도 볼 수 없는 신적인 선(善)이 있음을 볼 수 있다. 그리스도를 거절하고, 다른 길을 선택한 사람은 결코 그리스도인이 될 수 없다. 왜 그런가?

　이렇게 생각해보자. 만일 그리스도께서 하나님의 영광을 가로채고 또 사람의 희망을 파괴하는 일을 한다면, 그는 하나님이실 수 없다. 그렇다면, 그는 온전한 구주와 우리를 죄에서 해방시켜줄 해방자 또한 될 수 없다. 다른 한편 만일 그리스도께서 사람이 되지 않으셨다면,

우리가 복을 받을 수 있는 방법 또한 모두 사라질 것이다. 하나님이신 그리스도께서 사람이 되신 것은, 또 사람이 되셨지만 그럼에도 여전히 신성으로 충만하신 하나님이신 것은, 지금도 사실이지만 영원한 진리다. 따라서 그리스도는 십자가에 달리셨을 때에도 하나님이셨다. 그렇기 때문에 이것은 우리 자신이 지은 모든 죄들에도 불구하고, 그리스도를 믿고자 그분에게로 피하는 모든 영혼에게 확실하고도 견고한 구원의 보증을 준다.

당신은 피난처를 찾고 있는가? 그래서 그리스도에게로 피하였는가? 아니면 스스로 해결할 수 있다 믿으며, 여전히 자기 힘으로 죄를 없이 하려고 애쓰고 있는가? 하지만 당신이 기억해야 할 것은 구원이 이미 죄인들을 위해 마련되어 있다는 것이다. 그리스도는 선한 사람들을 원치 않으신다. (만일 그렇다면 한 사람도 찾을 수 없을 것이다.) 사실 그리스도는 잃어버린 자를 찾아 구원하고자 오셨다. 잃어버린 자는 그리스도를 필요로 한다. 당신은 기꺼이 잃어버린 자의 자리에 앉겠는가? 우리가 지은 죄들을 하나님께 아뢰는 것은 참으로 중요한 일이다. 당신은 과연 당신이 지은 죄들 가운데 한가지만으로도 지옥가기에 충분하다는 것을 고백할 수 있는가? 내가 이렇게 말한다고 해서 물러나지 마라. 그런다고 해서 당신에 대한 하나님의 생각이 바뀌는 것은 아니다. 하나님은 당신에 관한 모든 것을 다 알고 계신다. 그래서 당신이 하나님 앞에 서서 나 자신에겐 아무 선한 것이 없다고 고백하는 자리에 서는 것은 매우 중요하다.

도마는 믿기를 더디 했다. 그런 사람들이 의외로 많이 있다. 자신의 실상을 드러내길 좋아하는 사람은 없지만, 하나님 앞에서 정직하게 그렇게 하는 사람만이 하나님이 어떤 분이시며, 게다가 하나님은 사랑이시라는 것을 알게 된다. 자신이 죄인일 뿐 아무 것도 아니란 사실을 확실하게 깨달은 사람에게 은혜는 그 사람의 간절한 바램과 영혼의 필요를 충족시켜준다. "아, 맞아요. 우리는 다 죄인입니다." 이렇게 건성으로 대답하는 사람들에겐 아무 일도 일어나지 않는다. 반드시 나 자신이 지은 죄들에 대해서 하나님과 대면해야 하며, 그것도 특별한 방식으로 해야 한다. 그저 두리뭉실하게 죄 문제를 대하는 것은 결코 믿음이 아닐 뿐만 아니라, 양심적인 것도 아니다. 당신은 어쩌면 "나는 내가 지은 죄들을 보따리 채 하나님께 맡겼더니, 마음이 편해졌다"고 말할지 모르겠다. 정말 그럴까? 당신은 자신을 속이고 있을 뿐이다.

당신이 그런 사람이라면 당신은 단순하게 또는 진실하게 당신 자신에 대해서 직면해본 적도 없고, 진실하게 고백해본적도 없다. 그렇게 했다면, 당신은 이미 주 예수를 통해서 당신 영혼의 필요를 모두 충족시켰을 것이고, 만족하게 되었을 것이다.

그리스도의 충만하심은 우리의 모든 결핍을 충족시키고도 남는다. 당신은 "예수도 나를 충족시킬 수는 없을 것이야"라고 말하고 싶은가? 그리스도는 어느 나라, 어느 민족, 또는 어떤 연령대에 있는 사람들에게도 자신을 제한시키지 않으신다. 그리스도의 은혜는 모두에게 열려 있고, 아무 제한 없이 흐른다. 이스라엘 민족에게만 흐르는 것이 아니라, 언제라도 준비만 되어 있다면 모든 죄인에게로 흐른다.

요한이 "보라 세상 죄를 지고 가는 하나님의 어린양이로다"라고 외쳤을 때, 과연 그 범위는 어디까지였을까? 그는 분명 예수께서 "세상 죄(the sin of the world)

를 지고 간다"고 말했다. 이것은 주 예수께서 장차 이루실 사역의 특징과 사역의 범위를 의미했다. 이는 조그만 죄의 조각도, 또는 죄의 효력을 아무 것도 세상에 남겨두지 않을 것이란 사실을 의미한다. 물론 죄가 그처럼 이 세상에서 아주 사라지는, 그런 날은 아직 오지 않았다. 그런 날이 오려면 먼저 악한 자가 쫓겨나야 하고, 그 악한 자를 따르는 자들도 본래 있어야 할 자리로 쫓겨나야만 한다. 그 날은 우리 주 예수 그리스도께서 세상의 악을 심판하시고, 이 땅에 그리스도의 왕국을 세우는 날이 될 것이다. 그렇기 때문에 어느 누구도 악하다는 이유만으로 그저 정죄를 받지는 않을 것이다. 오로지 그리스도 안에서 나타난 하나님의 은혜를 거절했기 때문에 정죄를 받게 될 뿐이다. 그리고 자신이 지은 죄들 때문에 진노가 임하게 될 것이다.

구원의 약속은 하나님의 말씀, 곧 복음을 듣는 모든

사람들에게 열려 있다. 따라서 사람은 복음 안에 담겨 있는 하나님의 치료책을, 유일한 치료책을 거절했기 때문에 정죄를 받는 것이다. 그렇다면 더 이상 시간을 허비하지 말라. 장차 하나님이 이방인들을 심판하실 때, 어쩌면 당신은 큰 두려움에 떨어야 할지도 모른다. 주께서 세상을 심판하실 것이며, 완벽하게 그 심판하는 일을 하실 것이다. 당신이 진정 원하는 것은 자비, 용서, 구원이다. 그러므로 나는 당신을 위해 기도한다. 이처럼 중요한 주제에 대해, 그저 막연한 당신 자신의 생각을 내려놓길 바란다. 당신은 지금 하나님의 섭리를 조금도 이해하지 못할 뿐만 아니라, 할 수도 없다. 감히 하나님을 판단하는 자리에 앉으려고 하지 말라.

믿음만큼 겸손한 것이 없듯이, 불신앙만큼 주제넘을 뿐만 아니라 적합하지 않은 것도 없다. 감히 하나님께서 이방인들을 향해 펼치시는 섭리를 논하고 또 비난하려는 사람은, "나는 죄 용서를 받았고, 완전히 깨끗하게 씻음을 받았으며, 죄에 대한 정죄에서 완전한 자유를 얻었습니다"라고 고백하는 진실한 신자의 고백마저 비난거리로 삼는다. 하지만 신자의 이런 확신은 자신이 아무 것도 아니라는 깨달음에서 나오며, 그리스도의 피의 효력에 대한 단순한 믿음에 토대를 두고 있다. 이는 우리 자신에 속한 그 무엇 때문이 아니라, 오로지 그리스도께서 하신 일에 터 잡고 있다. 자신이 죄인임을 아는 사람은 기쁘게 구주를 영접한다. 그런 사람이 처음으로 품는 마음은 하나님께 나아가고 싶어 하는 마음이다. 그런 사람이 있다면, 그는 어떻게 하나님께 나아갈 수 있을까? 여기에 우리 주님의 대답이 있다. 주님은 "내가 곧 길이요"라고 말씀하셨다. 이제 잠시 성경에서 "길"이 무엇을 의미하는지 살펴보자.

성경에서 말하는 길의 의미

　사람이 처음 창조되었을 때, 사람은 지금과 같지 않았다. 하나님은 사람을 정직하게 지으셨다. 사람은 하나님이 지으신 모든 것 가운데 가장 경이로운 존재였다. 무신론자들은 사람이 단세포 상태로 스스로 존재하게 되었고, 점진적으로 진화하여 지금의 수준에 이르렀다고 말할 것이다. 그런데 어느 누구도 그것이 무엇으로, 또 어떻게 그리 되었는지 아는 사람은 없다. 이런 것이 과학이다! 불신앙만큼 어리석은 것은 없다. 만일 해초가 원형질이라고 해보자. 우리는 여전히 어려움을 가지게 된다. 그렇다면 해초는 어디서 온 것인가? 그것은 어떻게 그렇게 변화된 것인가? 그렇다. 지극히 작은 물질이라도 하나님의 뜻과 힘이 없다면 존재할 수 없는 법이다.

하나님의 창조세계 속에 나타난 하나님의 능력을 생각해보면, 경이롭기 그지없다. 게다가 하나님이 만드신 모든 것을 생각해보면 볼수록, 비록 타락했지만 사람이 가장 경이로운 존재라는 사실을 더욱 깨닫게 된다. 사람은 비록 하나님의 모양을 닮지 않았지만, 여전히 하나님의 형상을 입은 존재로서 책임 있는 존재다. 이것이 바로 살인자가 죽음을 통해서만 자신의 죄를 씻을 수 있는 이유다. 사람은 또 다른 측면에서 하나님의 형상을 파괴했다. 그래서 사람은 선한 상태로 이 세상에 날 수 없으며, 선한 사람은 존재할 수 없다.

  사람은 본래 하나님의 모양으로 창조되었지만, 아담은 자신의 장자를 낳기도 전에 타락했다. 그렇게 죄가 세상에 들어왔고, 하나님의 형상은 여전히 남아 있었기에 아담의 모양을 닮은 셋이 태어났다. 짐승에겐 사람과 같은 이성적인 혼이 없다. 하나님의 창조물 가운데 사람만이 유일하게 이성적인 혼을 가지고 있다. 그러므로 우리는 하나님이 지금 우리가 보고 있는 그대로의 모습으로 세상을 또는 사람을 창조하지 않으셨음을 본다. 왜냐하면 그 모든 창조물들이 하나님의 손에서 나왔을 때, 하나님은 심히 좋았다고 선언하지 않은 것이 하나도 없기 때문이다. 그때에는 사람이 좌로나 우로나 치우친 일이 없었고, 모든 것이 좋았기 때문에 길(a way)이 필요치 않았다. "이것이 정로니 이리로 행하라"(사 30:21)고 말할 필요가 없었다.

아담의 타락과 세상의 폐허 때문에 상실하게 된 하나님께로 가는 길

전에 있던 길을 더 이상 사용할 수 없게 되었을 때, 길의 필요성과 중요성은 더욱 크게 다가온다. 악이 들어왔고, 세상은 황량한 광야가 되어 버렸다. 상황이 이렇다보니, 길(way)이 없어졌다. 우리는 길을 필요로 한다. 세상은 그야말로 황무지가 되었고, 길이 없어졌기에 우리는 세상을 헤매게 되었고, 도무지 하나님께로 도달할 수 없게 되었다. 세상엔 더 이상 안식이 없고, 사람의 마음을 만족시킬 수 있는 것도 없다. 사람은 세상의 쾌락으로 자기 영혼을 채울 수 있다고 믿기에 세상을 헤맨다. 하지만 세상이 줄 수 있는 것이라곤, 우리 자신이 하나님을 대면해야 한다는 생각 때문에 몸서리칠 정도의 두려움을 잠시 잊게 해주는 진통제일 뿐이다. 자신이 지은 죄들로 인해서 나쁜 양심이 생긴 사람은 이제 하나님에게서 도망칠 수 없다. 그는 어쩌면 사탄에 대한 두려움이 있을지 모르지만, 하나님을 두려워하는 만큼 사탄을 두려워하지는 않는다. 이것은 무엇을 의미하는가?

우리 각 사람은 하나님을 멀리 떠나 있는 죄인에 불과하다는 사실을 대면해야 한다. 죄를 인식하게 되면, 사람은 비로소 두려움에 떨게 된다. 그리고 사탄을 두려운 존재로 느낀다. 사탄이 누구인가? 사탄은 먼저 사람을 죄의 덫에 걸리게 했고, 그 다음 사람이 저지른 일을 계속 상기시키는 일을 하고 있다. 우선 사람을 유혹하여 죄를 저지르게 하고, 그 다음 죄인에게 내려질 하나님의 심판을 상기시키는 일을 한다. 이제 사람은 자신의 두려움을 쾌락 속에 묻고자 애쓴다. 사람은 어느 곳에 가든, 죄의 압박을 벗어버리기 위해서라면 무슨 일이든 하고 싶어 한다. 일에 묻히고 싶어 하거나, 아니면 자기 가족, 자기 사업, 자기 의무 등 그것을 무엇이라 부르든 하나님을 잊게 해줄 수 있는 것이라면 그것이 무엇이든 매달린다. 그리고 마침내 병상에 누워서, 그토록 잊어버리고 싶어 했던 "나는 내가 지은 죄들을 지고서 하나님을 대면해야 한다"는 사실을 다시금 떠올리며 두려움에 떤다.

어떤 사람은 그동안 잊고 살았던 "아무 죄도 용서받지 못했다"는 생각에 몸을 떤다. 당신은 여기 조금 저기 조금 이런 식으로 용서받을 수 없다. 어느 순간 죄를 하나씩 떠올리며 미안한 마음을 가진다고 해서, 죄가 없어지는 것도 아니다. 심지어 물건을 묶어서 팔 수 있는 것처럼 죄를 해결하고 싶을지라도, 하나님은 그렇게 일하지 않으신다. 그렇다면 하나님은 이처럼 파멸된 사람의 상태를 언제, 어떻게 치유하시는가? 사람은 잃어버린 상태에 있고, 또 세상은 아라비아의 모래사막을 여행하는 사람이 길을 잃어버릴 정도로 황량하게 변해 있다. 사람은 자신이 지은 죄들에 관한한, 심판 외엔 죄들을 벗어버릴 다른 방도가 없다. 이런 처지에 있는 사람에게 필요한 것이 무엇일까? 어느 일부를 수선하거나 개선하는 일은 아무 소용이 없다. 당신이 지은 죄들이 당신의 양심에 새겨져 있고, 당신의 어깨를 누르고 있기 때문이다. 이럴진대, 그 죄들이 당신을 하나님의 보좌 앞에서 고발할 때, 당신은 무엇을 할 수 있는가?

아버지에게로 가는 유일한 길

그렇다면, 하나님은 이제 당신의 필요를 어떻게 해결하고자 하시는가? 예수께서 말씀하셨다. "내가 곧 길이요." 그렇다. 예수께서 길이시다. 하나님 아버지께로 가는 유일한 길이다. 하나님을 떠나 있을 뿐만 아니라 완전히 멀어져 있는 이 세상에서 예수 그리스도는 유일한 길이시다. 사람이 하나님이 지으신 모든 피조물의 머리인 것처럼, 사람은 파멸된 모든 것들의 머리다. 아담은 이브를 아내로 맞아들이기 이전에, 만물의 머리였다. 그는 모든 피조물에게 이름을 지어 주었다. 이브의 자리는 아담과 연합을 이루는 것이었다. 마찬가지로 교회도 그리스도와 연합을 이루는 것 외엔 다른 것을 요구할 것이 없다. 그리스도가 길이시다. 과연 이 길이 실패할 수 있을까?

 당신은 지금 그리스도께서 실패할 수 있다고 말하는 것인가? 그럴 수 없다. 이 얼마나 어처구니없는 말인가! 그리스도는 길이시다. 나에겐 그 길을 선택하는 것 외엔 다른 방도가 없다. 수천 수만 가지 사연을 가진 사람들이 그리스도에게로 몰려온다 해도 놀라지 말라. 왜냐하면 어느 누구도 자신이 온 길로 그냥 돌아간 사람은 없기 때문이다. 그리스도는 어느 한 영혼도 복을 주지 않은 채로 그냥 돌려보내신 적이 없다. 죄인이며 또한 잃어버린 자로서 그리스도에게 나아온 사람 가운데 어느 누구도 복을 받지 않은 사람은 없었다.

 그래서 이런 이유로 사람은 실제로 파멸상태에 있으며, 잃어버린 상태에 있는 죄인인 것이다. 사람은 하나님에게 나아갈 방도가 아무 것도 없다. 사람은 자신이 지은 죄들 가운데 어느 하나도 약화시킬 수 없다. 그렇다면 사람에게 무엇이 필요한가? 예수께서 "내가 곧 길이요"라고 말씀하셨다. 이것은 한결같은 사실이며, 진리다. 하나님의 아들께서 길이 되어 주고자 사람이 되셨다. 그분은 구주가 되고자 오셨지만, 믿는 사람들에게만 구주가 되신다. 그분을 믿지 않는 사람들에겐 심판장이 되실 것이다. 그분은 다른 여러 가지 직분을 가지고 있긴 하지만, 그 직분들은 대부분 구원과 연결되어 있다. 구원받은 사람은 심판에 이르지 않는다. 생명을 얻고 또 구원받은 사람들의 어깨엔 자신이 짊어지고 있는 죄가 하나도 없다. 그렇다면 어째서, 무엇 때문에 심판받지 않는 것인가? "내가 진실로 진실로 너희에게 이르노니 내 말을 듣고 또 나 보내신 이를 믿는 자는 영생을 얻었고 심판(크리시스)에 이르지 아니하나니 사망에서 생명으로 옮겼느니라"(요 5:24)고 말씀하셨기 때문이다. 킹제임스 성경은 "정죄(condemnation)에 이르지 아니하나니"로 번역되어 있지만, 이 말씀은 "심판에 이르지 아니하나니"가 맞다.

   이제 이 단어가 왜 심판(크리시스)으로 번역되는 것이 옳은지를 설명해보겠다. 성경은 "한 번 죽는 것은 사람에게 정하신 것이요 그 후에는 심판(judgment, 크리시스)이 있으리니"(히 9:27)라고 말한다. 킹제임스 성경에서 번역한 요한복음 5장 24절에 있는 정죄란 단어는 여기서 심판으로 번역된 단어와 같다. 그리고 성경은 "그러므로 이제 그리스도 예수 안에 있는 자에게는 결코 정죄함(카타크리마)이 없나니"(롬 8:1)라고 말씀하고 있는데, 여기서 사용된 정죄라는 단어는 카타크리마란 단어다. 게다가 여기서 사용된 영어와 그리스어는 상당히 다르다. 하나님이 선언하시는 것은, 그리스도의 말씀을 듣고 또 하나님을 믿는 사람은 영생을 가지고 있으며, 심판을 받지 않는다는 것이다. 이런 복을 얻는 일은 지금 현재적으로 이루어지는 일이다. 게다가 그리스도의 말씀을 믿는 사람은 지금 즉시 사망에서 생명으로 옮겨진다.

　이런 복을 얻지 못한 사람은 자신의 행위에 대해서 반드시 책임을 져야만 한다. 한편 우리 신자들도 다 그리스도의 심판대 앞에 서게 될 것이다. 그리스도의 심판대에 서는 일은 불신자들에 대한 심판과는 성격이 다르다. 불신자의 경우, 범죄자로서 심판을 받는 것이기 때문이다. 그리스도의 심판대는 세상의 법정과 같지 않다. 대법관이 정식 기소장을 읽게 되면, 아무리 정직한 사람일지라도 그는 판사 앞에서 재판을 받아야 하며, 재판 결과에 따라서 정죄를 받을 수도 있고, 무죄 판결을 받을 수 있다. 세상의 법정에선 죄가 없는 사람이 재판을 받는 일이 비일비재하다. 이렇게 죄가 없는 사람이 재판을 받는다는 것 자체가 사람의 연약성 때문에 일어난다. 하지만 하나님의 재판정에서 그런 일은 일어날 수 없다. 요한계시록 20장을 보면 크고 흰 보좌 심판대, 즉 백보좌 심판석이 있는데, 신자는 이 심판석에 서지 않는다. 왜냐하면 신자는 지금 영생을 가지고 있으며, 모든 죄가 사함을 받았기 때문이다. 당신은 진정 이런 구원을 거절할 셈인가?

하나님은 지금 그리스도 안에서, 우리의 죄가 되어주신 그리스도를 받아들이도록 당신에게 간청하고 호소하신다. 당신이 그리스도를 거절하는 것은 구원받기를 원하지 않음을 표시하는 것이다. 하나님은 지금 당신을 용서해주시고, 구원해주실 준비가 되어 있다. 당신은 과연 하나님에게 알리고 싶지 않은 뭔가 비밀스러운 것을 계속해서 간직하고 싶거나, 또는 하나님에게서 무언가를 숨기고 싶은 것이 있는가? 그렇다면 당신은 조금 더 죄를 즐기고 싶거나, 아니면 하나님이 정말 좋은 분이심을 믿으려고 하지 않는 것이다. 그렇다면 당신은 스스로 자신이 영생을 얻을 가치가 없는 사람인 것을 입증하는 것이다.

　스스로 가치 없는 사람임을 자처한다면, 구원받지 못한다. 이 문제를 내일로 미루지 말라. 그리스도는 내일의 구주가 아니다. 당신은 과연 내일에도 그분의 음성을 들을 수 있을 거라고 확신하는가? 그리스도를 영접하고 싶은 마음이 점점 사라지는 것을 두려워해야 하지 않겠는가? 그리스도는 길이시며, 게다가 유일한 길이시다. 우리가 하늘나라에 가게 되면, 더 이상 길은 필요 없게 된다. 그곳엔 모든 것이 안정되고 질서와 체계를 가지고 있기에, 더 이상 길은 필요치 않다. 하늘나라에 들어가게 되면, 더 이상 책임의 문제도 없다. 여기 이 세상에서만 위험과 실패와 파멸의 가능성이 있을 뿐이다. 사람은 지금 책임의 문제에 있어서 실패했기에, 당신은 잃어버린바 된 상태에 있다.

　이제 중요한 것은 믿음이다. 나는 그리스도를 의지하는가, 과연 그리스도를 믿고 있는가? 이것이 중요하다. 나는 이제 그리스도께서 나에 대한 모든 책임을 떠맡으셨음을 알게 되었다. 그리고 하나님은 나에게 구주를 주셨고, 또 하나님은 나에게 회개하고 또 잃어버린바 된 사람의 자리에 앉을 것을 요구하신다는 사실을 알게 되었다. 사람이 자기 힘으로 의롭게 되고자 애를 쓴다면, 그는 자신이 잃어버린 사람인 것을 부정하는 것이다. 그렇다면 나름대로 성경을 읽고, 기도하면서, 자신을 위해 의(義)를 쌓고자 노력하기를 시작할 것이다. 그는 이렇게 말한다. "다윗은 하루에 세 번씩 기도했지만, 나는 네 번씩 기도할 것입니다." 과연 그렇게 하는 것이 그가 구원받는데 도움이 될까? 내가 이렇게 말한다고 해서, 과연 기도를 경시하는 것인가? 그렇지 않다. 다만 사람이 이런 식으로 행동한다면, 그는 자신의 죄악성과 잃어버린 상태에 있음을 전혀 파악하지 못하고 있음을 드러내는 것일 뿐이다.

다른 길은 없다

반역죄를 짓고 사형언도를 받은 사람의 경우를 생각해보자. 왕은 "나는 이 사람이 죽어 마땅한 죄인이라는 사실을 잘 알고 있다. 하지만 나의 주권적인 권세로 자비를 베풀고자 한다. 만일 그가 자신의 죄를 인정한다면, 나는 기꺼이 그에게 자유를 주겠노라"고 말했다. 그런데 그 사람은 완강하게 풀려나길 거절한다. 그렇다면 그는 그런 자비를 얻지 못할 것이며, 왕은 사형을 집행하라고 명령을 내릴 수밖에 없다. 이것은 우리에게도 마찬가지다. 하나님은 기꺼이 구원하고자 하지만, 사람은 믿기를 거절한다. 왜 그런가? 왜냐하면 그런 사람은 자신의 생각으로 하나님을 판단하고 있기 때문이다.

믿음은 하나님이 자신을 계시하시는 대로, 하나님을 그대로 믿는 것이다. 하나님은 기꺼이 우리를 구원하는 일을 하고자 하실 뿐만 아니라, 그 일을 공의롭게 하실 수 있다. 하나님은 그리스도께서 이루신 구속(救贖) 사역에 근거해서 구원하는 일을 하시기 때문이다. 구원은 그저 자비를 베푸는 문제가 아니다. 은혜가 의(義)로 말미암아 왕노릇함으로써 영생에 이르게 해주는 것이다. 그래서 그리스도는 우리가 지은 죄들 때문에, 십자가에 달리셔서 하나님의 심판을 받으셔야만 했다. 그리스도의 대속(代贖)적인 죽으심의 결과, 하나님은 공의롭게 죄인을 용서하는 일을 하실 수 있게 되었다. 왜냐하면 그리스도께서 죄에 대한 형벌을 대신 받으셨기 때문이다. 하나님은 죄를 사하는 일을 통해서, 의롭다 하심을 받으시는 정도가 아니라 영광을 받으신다. 하나님이 죄인들을 그냥 심판하시는 일보다 이렇게 죄인을 구원하는 일을 통해서 더욱 영광을 받으신다. 왜냐하면 하나님의 속성의 모든 측면이, 즉 하나님의 존귀, 하나님의 사랑, 하나님의 진리, 하나님의 거룩이 모두 만족되기 때문이다. 이로써 하나님의 아들의 소중한 가치를 깨닫고 나아오는 모든 영혼은 하나님의 성품의 은혜로우심이 자신에게 쏟아 부어지는 것을 경험하게 될 것이다.

 죄인의 구주이신 예수 그리스도에게서 멀리 도망치려는 마음을 경계하라. 어쩌면 내일은 오늘 보다 더 마음이 딱딱하게 굳어 있을지 모르기 때문이다. 내일로 미루는 것은 매우 위험한 선택이다. 바로 지금 하나님의 아들에게 무릎을 꿇고, 하나님의 구원을 값없이 받아들이라.

"내가 어디로 가는지 그 길을 너희가 아느니라
도마가 이르되 주여 어디로 가시는지
우리가 알지 못하거늘 그 길을 어찌 알겠사옵나이까
예수께서 이르시되
내가 곧 길이요 진리요 생명이니
나로 말미암지 않고는
아버지께로 올 자가 없느니라." (요 14:4-6)

제 2장 진리이신 그리스도
Christ the Truth

"내가 진리다." (요 14:6)

지금까지 나는 길의 의미를 보여주고자 애를 썼다. 바로 그리스도, 오로지 그리스도만이 길이다. 하지만 또 다른 것이 있다. 그리스도는 아버지께로 가는 길이실 뿐만 아니라, 그분은 또한 진리이시다. 어디서 진리를 볼 수 있는가? 오로지 그리스도 안에서만 볼 수 있다. 바로 그리스도 자신이 진리이기 때문이다. 따라서 길에 들어선 사람은 진리를 소유해야 한다. 그리스도께 굴복한 사람은 더 이상 세상을 원하지 않을 것이다. 세상의 거짓을 미워할 것이다. 하나님은 참으로 지혜로우시며, 마찬가지로 그리스도 또한 지혜로우시다.

진리란 무엇인가?

이제 진리가 무엇인지 설명하고자 한다. 타고난 본성만 있는 사람은 진리가 무엇인가 하고 묻긴 하지만, 해답을 알 길이 없다. 어째서 그런가? 왜냐하면 그런 사람은 하나님에게서 멀리 떠나 있고, 진리가 아닌 사탄을 섬기고 있기 때문이다. 그래서 그리스도를 알면 알수록 그리스도를 싫어한다. 그리스도께서 세상에 오셨을 때, 처음엔 사람들은 그리스도를 좋게 생각했다. 왜냐하면 그때 그들은 그리스도께서 진리이신 것을 알지 못했고, 또 진리이신 그리스도를 통해서 자신의 실상을 보지 못했기 때문이다.

   그들은 다 약속된 메시아를 기다렸고, 또 그리스도가 메시아인가 많은 기대를 했다. 다니엘이 말한 때가 무르익었고, 그래서 사람들은 기대하는 마음으로 가득했다. 그 유명한 70주간 예언은 그들 시대를 가리키고 있었고, 유대인들은 메시아, 왕께서 나타날 그 때가 매우 가까웠음을 알고 있었다. 하지만 그들 가운데 어느 누구도 그 메시아가 끊어질 것을, 즉 죽음을 당하실 것을 이해하고 있지는 않았다. 오히려 이방인이 오시는 구원자에 대한 소문을 듣고서 움직였다. 그들은 강력한 왕께서 통치하실 것이며, 이제 세상에는 엄청난 변화가 일어날 것이고, 그 시간이 가까웠다는 소문을 들었다. 동방의 지혜자들이 유대인의 왕으로 나신 분을 뵙고자 왔다. 그리스도께서 나시기 150여년 훨씬 전부터 구약성경이 그리스어로 번역되었다. 그리스어는 그 당시 일반적인 서민들의 언어였다. 이렇게 성경이 번역된 것은 일종의 준비작업이었다. 이로 볼 때, 유대인들만이 메시아의 오심을 바라는 유일한 백성은 아니었다.

  그리스도는 그 이상이신 분이시다. 그분은 말씀이고, 그분은 하나님이시며, 그분은 세상에 오시는 빛이시며, 모든 사람을 비추는 빛이시다. 그런데 사람들은 빛보다 어둠을 더 사랑했다. 왜냐하면 그들의 행위가 악하기 때문이다. 그래서 처음에 보인 관심은 점차 사그라들었고, 오히려 두려움과 미움이 생겨났다. 그들은 하나님이나 자신들에 대해서 진심으로 알고 싶은 마음이 없었기에, 그리스도를 살해함으로써 양심의 정죄를 없애고자 애를 썼다. 그들은 그분을 죽이고 싶어했지만, 하나님의 아들을 없애버릴 순 없었다.

그리스도는 길이실 뿐만 아니라, 마찬가지로 그리스도는 진리이시다. 이는 무엇을 의미하는 것일까? 이제 그리스도와 율법을 비교해보자.

하나님, 사람, 그리고 모든 것의 실상을 드러내는 일을 하는 진리

율법은 거룩하고, 의로우며, 또한 선하다. 그렇지만, 율법을 진리로 부른 곳은 어디에도 없다. 율법은 하나님이 사람에게 요구하시는 신적인 표준이다. 율법은 사람에게, 즉 하나님 앞에서 순종의 의무가 있는 사람에게 하나님이 요구하는 것이 무엇인지를 선언한다. 진리는 하나님의 계시이며, 그리스도 안에 있는 기타 다른 모든 것의 나타남이다. 다시 말해서 진리는 요구사안이 아니라 계시다. 사실 하나님은 율법과도 다르다. 그래서 성경은 "율법은 모세로 말미암아 주신 것이요 은혜와 진리는 예수 그리스도로 말미암아 온 것이라"(요 1:17)고 말한다. 율법은 하나님의 법이 아니었는가? 맞다. 하나님의 법이다. 하지만 율법은 모세를 통해서 주어진 것이다. 모세는 율법의 전달자였다. 하지만 그리스도는 길이신 분이시다. 하나님을 위해 사람에게 오셨을 뿐만 아니라, 사람을 위해 하나님에게로, 사실은 아버지께로 가신 분이시다. 뿐만 아니라 그리스도는 진리이시다. 그리스도는 모든 사람 뿐만 아니라 모든 것의 실상을, 실제 그대로의 모습을 드러내는 분이시다. 무엇이 진리인지를 따져볼 때, 우리는 그리스도만이 진리를 온전히 드러낼 수 있음을 볼 수 있다. 하나님은 진리를 통해서 계시된다. 그렇기 때문에 하나님의 계시자이신 그리스도는 자신을 진리라고 말씀하셨다. 아들로서 그리스도는 우리에게 아버지가 어떤 분이신지를 알게 해주신다. 하지만 하나님의 거룩한 자이신 그리스도는 또한 우리에게 죄가 무엇이며, 또한 나 자신이 어떤 사람인지를 보여주신다. 다시 말해서, 그리스도는 모든 사람과 모든 것의 있는 그대로의 모습을 그대로 드러내는 일을 하신다.

하나님을 진리로 언급한 적은 없지만, 성경은 보이지 아니하는 하나님의 형상이신 그리스도를 진리로 계시하고 있다. 사람은 하나님을 헤아릴 수 있는 능력이 없다. 하나님을 본 사람도 없다. 그렇다면 하나님을 잘 알고 있는 사람은 누구인가? 그런 사람은 없다. 심지어 천사도 아니다. 피조물은 하나님을 알지 못한다. 하지만 하나님은 피조물에게 자신을 알게 하실 수 있다. 어떻게 가능한가? 그리스도 안에서, 성령을 통해서 가능하다. 이것이 바로 요한일서 5장에서 성령을 진리라고 부르는 이유다. 진리이신 그리스도는 모든 것의 있는 그대로의 실상을, 나로 하여금 볼 수 있게 해주는 유일한 분이시다. 하나님의 영은 내가 마땅히 배워야 하고 또

즐거워해야 할 진리를 나의 영혼 속으로 받아들일 수 있게 해주시는 내적인 능력이시다. 따라서 진리이신 그리스도 뿐만 아니라 성령도 필요하다. 짐승이 사람의 마음을 이해할 수 없는 것과 마찬가지로, 사람의 영은 그 자체로 하나님을 알 수 있는 능력이 없다. 짐승은 나름 짐승 자체의 본능은 있다. 하지만 어느 짐승도, 어느 피조물도 자신의 한계를 넘어설 순 없다. 낮은 차원의 피조물이 사람을 이해할 수 있는 능력이 없는 것처럼, 사람 또한 자기 본성보다 높은 차원의 것을 이해할 순 없다.

진리가 없다면, 사는 내내 두려움과 공포심으로 떨 수밖에 없다

그렇다. 진리가 없다면, 우리는 비참한 상태로 영원히 있을 수밖에 없다! 나는 죄를 지었다. 어찌해야 하나님 앞에서 떳떳하게 서있을 수 있을까? 우리는 이처럼 중요한 사안에 대해서 오로지 완전한 불확실성 가운데 있어야 할 운명인 것인가? 사람은 그저 무서워하고 또 두려워하거나, 아니면 무관심하거나, 아예 마음을 닫아 걸거나 할 수 있는 여러 가지 옵션이 있다. 그럼에도 이런 두려움은 사람이 사는 동안 내내 느끼는 공포심이며, 뿐만 아니라 이런 공포심은 사는 동안 더욱 커져만 가고, 게다가 앞에 무엇이 있는지에 대한 끊임없이 떠오르는 불길한 예감이다. 이런 사람에게 무엇이 필요한가? 나의 대답은 이렇다. 그리스도가 진리이시다. 게다가 그리스도는 여기 이 세상에서 하나님을 영화롭게 하고, 또 죄인들을 구원하는 일을 하셨으며, 이 어둡고 끔찍스러운 공허감을 채워줄 수 있을 뿐만 아니라, 생명과 평안을 주고, 신자에게 이 모든 것 가운데서 확실성을 주기 위한 사랑의 화신(化身)이시다.

불신자의 자리에 서지 말라. 게다가 이 생애에서 확실한 것을 얻는 것은 불가능하다고 말하지도 말라. 어쩌면 그런 것은 유대인에겐 불가능한 일이었을지 모른다. 의심의 여지없이 이방인도 마찬가지다. 하지만 만일 하나님이 나에게 무언가 말씀하시고 또 내가 믿는다면, 그것은 확실한 것일까, 불확실한 것일까? 만일 하나님께서 나에게 그분의 마음을 알게 해주신다면, 이는 확실한 것인가, 아닌가? 그리스도는 하나님 자신을 나에게 알게 해주시는 하나님의 계시다. 당신은, "나는 죄인입니다"라고 고백할 수 있는가? 물론 그것은 언제까지나 사실이다. 하지만 당신은 당신이 진정 죄인이란 사실을 전혀 모르고 있을 수 있다. 게다가 당신은 그 사실을 쉽게 받아들이려고 하지도 않을 것이다. 그럼에도 당신에겐 지은 죄들이 있기 때문에, 하나님 앞에 서야만 한다. 과연 하나님은 나를 불확실한 상태에 그냥 내버려두고 싶어 하실까? 그렇지 않다. 하나님의 보내신 자이신 그리스도께서 자신의 몸을 희생제물로 바침으로써 하나님의 뜻을 행하고자 오셨다. 그리스도로 말미암아 은혜와 진리가 이 세상에 임했다. 진리만 임한 것이 아니다. 이 얼마나 놀라운 은혜인가! 하나님의 아들, 아버지의 유일한 독생자께서 사람이 되셨고, 그 뿐 아니라 여자에게서 나셨다! 첫 사람 아담은 여자에게서 나지 않았으며, 게다가 태어난 것이 아니라 창조되었다. 하나님의 아들께서는 사람의 아들이시지만, 아담은 사람의 아들이 아니었다(눅 3장).

그리스도는 세상에 오셨고, 세상의 새로운 머리가 되고자 성장과 성숙의 과정을 거치셨다. 하나님에게서 보내심을 받으셨으며, 인생의 모든 것을 맛보셨다. 예수는 단지 사람이셨던 것이 아니라, 인생을 구원하실 약속된 여자의 씨였다. 그분은 종이 되셨으며, 죄를 제외하고 사람의 모든 것에 참여하셨다. 그리스도는 죄를 범치 않으셨을 뿐만 아니라, 자신의 생애 가운데 죄가 무엇인지 알지도 못하셨다. 그리스도는 자신의 양식은 하나님의 뜻을 행하는 것이라고 항상 말할 수 있으셨다. "보시옵소서… 하나님의 뜻을 행하러 왔나이다."(히 10:7) 그래서 그리스도는 십자가에서 죄가 되셨고, "의인으로서 불의한 자를 대신하셨으니 이는 우리를 하나님 앞으로 인도하고자" 하셨다(벧전 3:18).

우리가 지은 죄들을 해결할 수 있는 유일한 방법

우리는 기도를 통해서, 아니면 나의 마음 속을 들여다봄으로써 죄가 무엇인지 배울 수 있는가? 아니다. 오로지 그리스도의 십자가를 통해서만 볼 수 있다. 나의 죄는 그리스도에게 무슨 일을 했는가? 죄는 하나님의 거룩한 자이신 그분을 끔찍한 하나님의 심판에 처하게 했다. 내가 죄인이라는 진리를 알게 해주신 예수께서, 그분이 바로 나의 구주시라는 진리를 알게 해주신다. 나는 과연 어디서 거룩한 사람을 찾을 수 있는가? 과연 우리의 조상인 아담이 거룩한 사람인가? 그는 하나님이 먹지 말라고 금하신 나무의 열매에 손을 대었다. 과연 그가 거룩한 사람인가? 아담은 하나님에게서 직접 말씀을 듣지 않았는가? 그럼에도 그는 불순종했으며, 거룩하지 못한 존재가 되었다. 아담은 자기 힘으로 거룩한 존재가 된 것이 아니었다. 왜냐하면 하나님이 그를 무죄한 존재로 만드셨으며, 악이 없는 순수한 상태로 창조하셨기 때문에 그는 거룩한 존재였다. 그렇지만 그는 타락할 수 있는 연약성을 가지고 있었다. 반면 예수께서 육신이 되셨을 때, 예수는 죄가 없었을 뿐만 아니라 거룩하셨다. 행사가 다 거룩했을 뿐만 아니라 본성상 거룩하셨다. "나실 바 거룩한 자는 하나님의 아들이라 일컬으리라."(눅 1:35) 그리고 성경은 "오직 나를 위하여 한 몸을 예비하셨도다"(히 10:5)라고 말한다. 이 구절은 어느 누구에게도 적용될 수 없다. 어째서 하나의 몸을 그리도 특별하게 준비했던 것인가? 왜냐하면 거룩한 이를 더럽힐 수 있는 오점이 전혀 없는 몸이어야 하기 때문이다. 만일 조금이라도 오점이 있다면, 희생제물은 불합격이다. 번제로 바쳐지는 어린양은 점도 없고, 흠도 없어야 했기 때문이다. 예수께서 태어나셨을 때, 그분은 비록 여자의 씨였지만, 그분의 본성 속에는 조금도 죄의 얼룩이 없으셨다. 그분은 거룩한 이로 불리셨다. 왜냐하면 그분은 성령의 권능으로 태어나셨기 때문이다. 그렇기 때문에 그리스도는 친히 우리의 모든 죄들을 지고 가실 수 있으셨을 뿐만 아니라, 죄 자체도 제거하실 수 있으셨다. 이것이 바로 진리다.

죄가 무엇인지 보고 싶다면, 주 예수님과 반대되는 일을 해보라. 그것이 바로 죄다. 예수는 오셨고, 죄의 어둠을 모두 드러내셨다. "내가 와서 저희에게 말하지 아니하였더면 죄가 없었으려니와 지금은 그 죄를 핑계할 수 없느니라."(요 15:22) 그리스도는 진리이시다. 그래서 모든 것의 실상이 그대로 드러나게 되었다.

하나님의 실체를 보여주는 진리

하나님에 대해서도 결과는 마찬가지다. 진리이신 그리스도는 분명 하나님의 실상을 보이셨다. 성경은 크게 강조하면서 그리스도를 하나님의 형상이라고 말하고 있지만, 그리스도가 하나님의 모양을 닮았다고 말하지는 않는다. 우리는 사람을 가리켜 천사를 닮았다는 말은 하지만, 사람을 닮았다고 말하지는 않는다. 마찬가지로 성경은 예수를 하나님을 닮았다고 말한 적이 없다. 왜냐하면 예수는 하나님이시기 때문이다. 이 세상에 하나님이 누구신지를 완벽하게 보여줄 수 있는 한 분이 계셨다. 바로 그리스도시다. 절대자이신 그리스도께서 상대적인 사람이 되셨다. 하나님은 유일하신 하나님이시기 때문에, 사람이 알 수 없는 존재이시다. 사람은 하나님을 이해할 수도 없다. 그럼에도 나는 하나님을 알아야만 한다. 하나님을 알 수 없다면, 나는 영생을 얻을 수 없다. 영생은 하나님이 보내신 자, 예수 그리스도 우리 주님이 없다면, 예수 그리스도를 알지 못한다면 있을 수 없다. 예수는 하나님이 육체를 입으신 분이며, 예수 그리스도는 내가 필요로 하는 것을 정확하게 나에게 가져오신 분이시다.

하나님은 나를 사랑하시는 분이시며, 예수의 인격을 입고 세상에 오실 정도로 나를 사랑하셨다. 예수는 당신과 나 같은 가련한 죄인의 모든 필요를 채우실 수 있는 하나님의 아들이시며, 또한 사람의 아들이시다. 다시 말하지만, 만일 마귀가 누군지 알고 싶다면, 그것을 알게 해줄 수 있는 유일한 존재는 바로 예수시다. 처음부터 살인자이며 거짓말쟁이인 마귀는 항상 주 예수를 대적하는 입장을 취한 존재다. 그러므로 예수께서는 이전에는 밝혀진 적이 없는 마귀의 정체를 드러내는 일을 하셨다. 그렇다. 하나님의 아들께서 오신 것은 마귀의 일을 무너뜨리려는 것이었다.

진리가 우리에게 하는 일

이제 당신은 진리를 받아들였는가? 당신은 그리스도 안에 있는 진리에 대해서 충분히 살펴보았다. 진리가 당신의 영혼에 끼친 효력은 무엇인가? 진리는 우리를 새로운 존재가 되게 해준다. 그래서 성경은 "그가 그 조물 중에 우리로 한 첫 열매가 되게 하시려고 자기의 뜻을 좇아 진리의 말씀으로 우리를 낳으셨느니라"(약 1:18)고 말한다. 율법은 나의 약점을 폭로할 뿐이지만, 진리는 그 약점들을 나에게 좋은 것으로 작용하게 한다. 다만 나 자신이 얼마나 나쁜 사람인가를 기꺼이 알고자 해야 하며, 거기서 해방을 받고자 간절히 원해야 한다. 율법이 이런 일을 해주는가? 율법이 주어질 때, 율법은 사람과의 거리를 두게 만들었다. 모세는 홀로 산에 올라가야 했다. 짐승이 올라올지라도, 죽임을 당해야 했다. 이런 것은 율법과 관련해서 지극히 당연한 경고였다. 하지만 진리는, 주 예수께서 잃어버린 자를 찾아 구원하고자 하늘로서 오셨다는 기쁜 소식이다. 그렇다면 당신은 어떻게 구원을 받을 수 있는가? 진리에 순종함으로써 된다. 죄인으로서 죄인들의 구주 앞에 나아감으로써 된다. 진리가 없다면, 나는 결코 구원받을 수 없다. 이 모든 진실을 우리 영혼에게 밝히 알게 해주신 분은 주 예수이시다. 그러므로 그리스도를 주(主)로 고백하고, 이제 나는 하나님을 믿노라고 고백하라. 그리고 나의 영혼 속에 하나님은 진실하시다는 진리를 새기라.

하나님의 은혜를 이해했다면, 나의 영혼은 진리 앞에 무릎을 꿇고, 진심으로 진리야말로 나를 위하고 있다고 말할 수 있다. 그렇다면 나는 기꺼이 그동안 나의 마음 속에 한 자리를 차지하고 있던 불신앙을 내어버릴 것이다. 나는 하나님이 자기 아들에 관하여 말씀하신 것에 순복할 것이다. 무엇이 진리인지를 선언하시는 분은 하나님이시다. 나는 하나님이 말씀하신 것이 선할 뿐만 아니라 하나님이 선한 분이심을 믿는다. 나는 하나님께서 나의 모든 죄들을 용서하시는 것과 지금 이 순간 나를 하나님의 자녀로 삼으시는 것을 믿는다. 나는 그만한 가치가 없는 사람이지만, 그리스도는 나를 변호해주시는 분이시다. 이제 그리스도와 그리스도의 십자가가 나를 위해 또한 나에게 모든 것이 되어 줄 것이기에, 기꺼이 나 자신은 아무 것도 아닌 것이 될 수 있다.

하지만 우리가 반드시 기억해야 할 것이 있다. 즉 그

리스도께서 진리이신 것과 마찬가지로 성령도 진리라는 사실이다. 성령께서 진리를 당신 영혼에 편안하게 받아들일 수 있게 해주시길 빈다! 앞으로 살 날이 많이 남아 있고 또 배울 것도 많지만, 진리를 받아들일 때에만 새로운 시작이 있을 뿐이다. 예수를 주님으로, 유일하신 구주로, 하나님의 아들로 고백하라. 이 모든 것을 알게 해준 은혜에 감사하고, 당신의 행실을 이제는 진리이시며 또한 찬송 받으실 우리 주님에게 합당한 것이 되게 하라.

"내가 어디로 가는지 그 길을 너희가 아느니라
도마가 이르되 주여 어디로 가시는지
우리가 알지 못하거늘 그 길을 어찌 알겠사옵나이까
예수께서 이르시되
내가 곧 길이요 진리요 생명이니
나로 말미암지 않고는
아버지께로 올 자가 없느니라." (요 14:4-6)

제 3장 생명이신 그리스도
Christ the Life

"내가 생명이다." (요 14:6)

이런 말씀을 하신 그리스도는 사람들 가운데서 가장 겸손한 분이셨다. 그리스도는 이 말씀을 사람들에게 들려주시고자 어떻게 오셨는가? 세상이 시작된 이래로 그처럼 낮은 자리에 스스로 앉은 사람이 있었는가? 없었다. 그리스도는 "내가 곧 길이요 진리요 생명이니"라고 말씀하신 후에, 곧바로 "나로 말미암지 않고는 아버지께로 올 자가 없느니라"(요 14:6)고 말씀하셨다. 이것은 자랑의 말이 아니다. 자랑하는 것은 예수의 방법이 아니었다. 오히려 투명성이야말로 예수님에게서 나타나는 특징이었고, 이런 투명성은 오직 예수 외엔 아무에게도 없었다. 그리스도의 사랑만큼이나 그리스도의 낮아지심도 실제였다. 그리스도는 끊임없이 자신을 희생하는 삶을 사셨다. 어린아이 때에도 마찬가지였다. 성경은 어린 시절 그리스도께서 하신 말씀을 기록하고 있다. "내가 내 아버지의 일을 마음에 두고 있어야 할 줄을(I ought to be occupied in my Father's business) 알지 못하셨나이까?"(눅 2:49, 다비역) 이렇게 말씀하신 그분은 누구셨는가? 무슨 자격으로 이런 말씀을 하신 것인가? 그것은 그리스도 안에 완전한 지혜와 완전한 선이 있었기 때문이며, 게다가 그리스도께서 진리였기 때문이다. 만일 그리스도께서 하나님이 아니실진대, 이런 말씀을 한 것이라면 참으로 참람한 것이었으리라!

그리스도는 누구신가

하지만 그리스도는 하나님의 아들이셨다. 하나님의 말씀은 많은 아들들을 언급하고 있긴 해도, 예수는 아버지의 유일하신 독생자이셨다. 그리스도는 구원의 주(Captain of salvation)가 되셨다. 그리스도에게 죄가 있었는가? 없었다. 그래서 그분은 죄인들의 구주가 되실 수 있었다. 만일 그리스도께서 신격을 가진 분이 아니라면, 어찌 구주가 되실 수 있는가? 이 세상에 태어난 모든 인간은 다 범죄한 죄인이다. 아담은 타락했고, 그의 자녀들도 모두 범죄한 죄인이었다. 에녹은 하늘로 옮겨졌지만, 그럼에도 범죄한 죄인이었다. 회리바람을 타고 승천한 엘리야도 마찬가지로 죄인이었다. 하지만 예수님은 아버지께서 맡기신 일을 마치고 하늘로 올라가셨다. 이렇게 하늘로 올라가신 분은 먼저 내려오셨던 분이시다. "내리셨던 그가 곧 모든 하늘들 위로 오르신 자니 이는 만물을 충만케 하려 하심이니라."(엡 4:10) 다른 어느 누가 이렇게 할 수 있는가? 오직 주 예수 그리스도 외엔 없다.

그리스도 안에는 충만한 진리가 있다. 그리스도는 자신이 하나님과 함께 누렸던 영광을 보여주고자 오시지 않았다. 그저 이런 일을 하셨다면, 죄인들의 필요는 충족될 수 있는 방법이 있을 수 없게 된다. 오히려 그리스도는 자신이 가지고 있던 영광을 포기하셨다. 먼저 자신을 비우셨고, 자신을 낮추셨다. 그리고 죽기까지 순종하셨으니, 곧 십자가에 죽으셨다. 이로써 하나님의 영광과 사람의 구원을 동시에 이룰 수 있었다. 그리스도는 이 세상에서 모든 반대에 직면하셨고, 고난을 겪으셨지만, 그럼에도 오로지 하나님의 뜻을 행하고자 하셨다. 이렇게 했기에 지상에서 인자로서 하나님의 뜻을 온전히 이룰 수 있었고, 이 일은 자신이 가진 권세를 행사함으로써 된 것이 아니라 온갖 고난 속에서도 순종하심으로써 된 것이었다. 아담의 경우를 생각해보자. 아담은 에덴동산에서 고난을 받으라는 명령을 받은 적이 없었다. 예수만이 죄를 위해 고난을 받으신 거룩한 분이셨다. 당신이 이 사실을 받아들이지 않는다면, 당신은 또 다른 기둥과 같은 진리, 즉 예수는 육체로 오신 하나님이란 진리를 받아들이기가 어려울 것이다. 예수께서 신적인 영광 또는 천사의 영광을 입고 오고자 하셨다면, 굳이 여자에게서 나시고 또 사람의 모습을 취하실 필요가 없었을 것이다. 그렇다면 그렇게 되리라고 기록된 성경의 예언(창 3:15, 사 53장, 미 5:2)은 어찌되는 것인가? 게다가 예수께서 그렇게 오시지 않았다면, 우리를 위한 구원은 결코 이루어질 수 없었을 것이다. 이 진리를 잘 생각해보고, 굳게 붙잡는 것은 매우 중요하다. 사람은 하나님에게서 멀리 떠나 있는 죄인이다. 우리는 이 사실을 우리 자신의 양심을 통해서 잘 알고 있다.

성경이 사람을 범죄한 죄인으로 만드는 것이 아니다. 오히려 성경은 인간이 처해있는 모든 상황과 실상을 설명하고, 이해하게 해주는 열쇠다. 성경만이 모든 사람의 마음 속에 영적 각성을 일으키고, 기꺼이 하나님 앞에 엎드리게 해주며, 그 결과 구원을 받을 수 있게 해준다. 하지만 사람들은 하나님의 방법을 통해서 구원받길 원치 않는다. 사람들은 가능한 세상에서 왕성한 활동을 하고 싶어 하고, 게다가 할 수 있는 한 세상을 즐기고 싶어 한다. 다만 끝에 가서 구원받길 바랄 뿐이다. 하지만 그때에 가서도 그들은 아직은 아니라고 생각하며, 끝내 세상을 놓고 싶어 하지 않는다. 그들은 임종 직전에 하나님의 품에 안기고 싶어 한다. 하지만 그들은 구원을 받으려면, 자신들이 무언가 하나님의 뜻을 행해야 구원을 받을 것이라고 생각한다. 게다가 구원을 받으려면, 그리스도의 종이 되어야 한다고 생각한다. 그렇다면 지금 당신은 사탄의 종이라는 말이 아닌가? 기억하라. 당신은 당신 자신의 주인이 될 수 없다. 당신은 하나님의 종이던가 아니면 사탄의 노예이던가, 둘 중 하나만 가능하다. 왜냐하면 자신의 의지를 따라 행하는 사람은 결과적으론 사탄의 노예이기 때문이다. 당신이 이 사실을 믿지 않을지 모르지만, 이것은 사실이다. 당신 양심이 그것을 진리로 느끼게 해줄 시간이 오고 있다. 지금도 그 사실이 고통이지만, 앞으로 오는 그 시간은 더욱 큰 고통의 시간이 될 것이다. 어쩌면 그 시간은 죽음의 순간일수도 있다. 그 순간 당신의 귀에 이런 소리가 들린다면, 얼마나 끔찍스러울까! "너무 늦었다. 너무 늦었다. 너무 늦어버렸다!"

하지만 하나님을 찬송하자. 나는 지금 하나님께서 예수 안에서 당신을 위해 열어주신 구원의 길과 또 복음을 단순하게 받아들이고 싶어 하는 영혼에게 하나님이 선언하시는 진리를 소개하는 행복한 일을 하고 있다.

네 번째 제국인 로마가 세력을 떨칠 때, 예수께서 오셨다. 예수께서는 성경을 어떻게 다루셨는가? 다른 사람들과 달리, 성경은 그리스도에겐 책 중의 책이었다. 성경은 그분의 양식이었고, 항상 그분의 무기였다. 물론 그 성경은 신약성경은 아니었다. 왜냐하면 그 당시엔 아직 기록되지 않았기 때문이다. 어쨌든 사람들은 성경을 없애 버리려고 안달을 한다. 사람들은 성경이 그저 사람이 쓴 문학작품에 불과하다느니, 또는 두 사람의 작품이라고 하더니, 이제는 아예 세 사람 이상이 쓴 작품을 의미 없이 모아 놓은 것에 불과하다고 주장한다. 얼마나 어리석은가! 그렇다면 그처럼 경이로운 성경의 일체성과 통일성은 어떻게 설명할 것인가? 예수께서 하나님의 말씀으로 받든 성경에 대해, 사람들이 거침없이 내놓는 말은 그저 광기(狂氣)와 불경(不敬)에 불과하다.

죽은 사람을 다시 살리시고 또 일으키신 그리스도는 (어떤 사람들이 생각하는 것처럼 사랑 없이) 사람들을 그저 미신 속에 남겨두고자 하지 않으셨다. 참 하나님은 역동적인 사랑의 하나님이시다. 사랑의 하나님은 다시 살리신 사람들을, 그들이 살아온 그 상태로 내버려두실 수 없다. 어쩌면 당신은 "하나님은 악을 허락하는 분이지 않나요?"라고 말하고 싶을 것이다. 물론 사실이다. 하나님은 천사들과 사람들이 타락하는 것을 허용하셨다. 그렇지만 양쪽 모두 그렇게 된 것의 책임은 오로지 피조물에게 있다. 살다보면 언젠가 회개하고 또 선을 행하고 싶을 때가 있다. 이것은 사실이다. 하지만 삶을 전환시키는 일이 그리 쉽게 되는 일인가? 당신은 성공해본 적이 있는가? 아니면 당신에겐 그럴 능력도 없고, 자신은 그저 나쁜 나무에 불과하기 때문에 아무런 선한 열매를 맺을 수 없다는 생각에 자포자기한 상태로 지내고 있는가? 삶의 전환이 불가능한 것은, 과연 하나님이 사람을 그렇게 창조하셨기 때문인가? 아니다. 하나님은 땅을 아름답게 창조하셨고, 악이 없는 상태로 사람을 지으셨다. 하나님은 모든 것을 보시고 좋았다고 선언하셨다. 사람이 하나님만을 의지했다면 악이 들어오지 못했을 것이다. 하지만 사람은 실패했다. 그리고 성경은 "세상이 자기 지혜로 하나님을 알지 못한다"고 말한다. 그래서 그런지 세상의 지혜는 하나님을 원하지 않는다. 사람은 자신의 길과 자신의 뜻만을 원할 뿐이다. 반면 하나님을 아는 사람이 추구하는 영광은 하나님의 뜻을 행하는데 있다. 그렇다면 어떻게 하나님의 뜻을 알 수 있으며, 행할 수 있는가?

나는 죄인이고, 하나님에 관한한 아무 것도 알지 못하고, 하나님이 기뻐하시는 일을 할 수도 없음을 인정할 필요가 있다. 그리고 성경을 믿음으로 읽을 필요가 있다. 그리하면 성경은 악이 모든 것을 망쳐버린 사실을 알게 해줄 뿐만 아니라, 어떻게 예수께서 길이요 진리요 생명으로 오셨는지, 그리고 가련한 죄인들을 은혜로 받아주시는 하나님이 어떻게 의로울 수 있는지를 설명해준다. 은혜만이 인간의 필요를 충족시킨다. 사랑으로 오신 그리스도는 우리를 반역과 파멸로 점철된 생명에서 건지시고자, 충만한 사랑으로 죽으셨다. 이로써 우리에게 깨끗한 양심을 주고, 하나님과 화목하게 함으로써 하나님을 경배하고 또 깨끗해진 양심으로 섬기게 하려는 것이었다. 만일 하나님이 우리 인간을 반역 가운데 그냥 내버려두셨다면, 그것은 그야말로 이상한 사랑일 수밖에 없다. 사람에게 영적인 양식을 주시고 또 이생의 삶에 필요한 모든 것들을 주고서, 그리고 나선 지금까지 살아온 삶 그대로 내버려둠으로써 또 다시 멸망의 길을 가도록 한다면, 어찌 그것을 은혜라 부를 수 있는가? 그럴 수 없다. 하나님이 자기 아들을 내어주신 것은 우리 신자들로 하여금 멸망하지 않도록 하려는 것이었다.

하나님이 창조하신 것에는 하나님의 솜씨를 나타내는 표식이 있기 마련이다. 그뿐만 아니라, 하나님의 선하신 마음도 새겨져 있다. 하나님이 인간의 상태를 처음 보신 때로부터 하나님은 은혜로, 뜻하지 않고 또 기대하지 않은 방식으로, 그 모든 것을 해결하는 일을 해오셨다. 하나님은 자기 아들, 그 사랑하는 독생자를, 하나님과 동등되신 아들을 보내셨다. 하나님이 당신의 구원을 위해 내어주신 분이 바로 하나님의 아들이신 분이시다. 당신은 구원을 위해 아무 노력도 할 필요가 없다. 왜냐하면 당신에겐 당신의 죄를 없앨 수 있는 힘이나 능력이 없기 때문이다. 당신은 이미 충분히 노력해보지 않았는가? 할 수 없다는 결론을 내리지 않았는가? 사람들이 흔히 탄력적인 양심이라고 부르는 그런 양심을 당신이 가지고 있다면, 어쩌면 당신은 하나님은 죄에 대해 너무 깨끗하기를 바라지 않으신다는 잘못된 생각을 가지기 쉽다. 하지만 그런 생각은 하나님의 거룩성과 하나님의 진실성을 모독하는 언사에 불과하다. 왜냐하면 하나님은 그 반대되는 생각을 선언하셨기 때문이다. 하나님은 당신이 지은 죄들을 그냥 눈감아 주는 일보다 훨씬 더 나은 일을 하셨다. 즉 하나님은 당신이 지은 모든 죄들을 없애 버리셨다. 그 일을 위해서 하나님은 십자가에서 자기 아들을 아끼지 않으셨다.

하나님이 하신 일의 방식을 주목해보자. 아들께서 사람이 되셨고, 순종적인 삶을 사셨다. 하나님의 아들께서는 자기 뜻을 행하려는 뜻이 전혀 없는 유일한 사람이셨다. 이전에 그런 삶을 산 사람이 있었던가? 하나님의 아들께서는 "나의 양식은 나를 보내신 이의 뜻을 행하며 그의 일을 온전히 이루는 이것이니라"(요 4:34)고 말씀하셨다. 그처럼 순종적인 삶을 산 사람은, 예수께서 잃어버린 죄인들에게 하나님의 사랑으로 오시기 전까지, 한 사람도 없었다. 뿐만 아니라, 사람들이 "네가 누구냐?"고 물었을 때, "나는 처음부터 너희에게 말하여 온 자니라"(요 8:25)고 대답할 수 있는 사람도 없었다. 이렇게 말할 수 있는 사람이 누가 있을까? 예수는 항상 그분이 말씀하시는 그대로 이신 분이셨다. 하나님과 사람을 위하여 얼마나 놀라운 진실인가! 예수 그리스도 그분 자체가 진리이셨으며, 그처럼 죄로 눈먼 사람들에게 보내심을 받은 완전한 진리셨다. 예수는 진리를 가지고 계신 분이셨고, 성경에 기록되어 있는 진리의 말씀이실 뿐만 아니라 한 분의 인격체 속에 나타난 진리의 화신(化身)이셨다. 이 지구상에 살았던 사람 가운데 이런 사람은 없었다. 진리는 모든 곳에서도 진리이며, 게다가 진리는 극도의 다양성과도 모든 것이 완벽한 조화를 이루게 해준다. 분명 성경의 여러 책들 간에 차이점은 있지만, 양립할 수 없는 내용을 발견한다 해도 그것은 그저 우리 무지의 소치일 뿐 성경에 모순이 있는 것은 아니다.

하나님이 만드신 단순한 것도 사람들 가운데 가장 지혜로운 사람의 지혜를 넘어선다. 따라서 세상에서 가장 지혜로운 사람이란 자신의 무지를 인정할 준비가 된 사람이라 할 수 있다. 사람들이 실제로 무언가를 더 많이 알면 알수록, 그들은 자신들이 아는 것이 너무도 적다는 사실을 더욱 깊이 자각하게 된다. 하나님의 말씀도 마찬가지다. 나에게 어려운 것들은 영적으로 성숙한 사람들에겐 그리 어려운 것이 아닐 수 있다. 믿음으로 더욱 자세히 들여다보면, 그 어렵던 부분들도 이내 사라질 뿐만 아니라, 계시된 진리에 대한 더욱 확고한 신념으로 바뀐다. 오로지 한 사람, 즉 그리스도를 알 때만이 모든 것을 바르게 이해하게 된다. 만일 그리스도께서 하나님이 아니라면, 그는 하나님과 관계를 형성할 수 없다. 만일 사람이 아니라면, 그는 나 같은 사람과 접촉점을 가질 수 없다. 두 가지 모두 그리스도의 사역엔 꼭 필요한 요소다. "내가 곧 길이요 진리요 생명이니"라고 말씀하신 분이 바로 그런 분이셨다. 사람은 자신이 하나님 앞에 있다고 느끼게 되면, 자신의 연약성, 자신의 무가치함, 자신의 신실하지 못함을 느낄 수밖에 없다.

그리스도께서 이 세상을 사셨던 생명

예수께서 "나는 생명이다"라고 했을 때, 이 생명은 무엇을 의미하는 것인가? 그리스도께서 사신 생명은 무엇이었는가? 아담의 생명이었는가? 우리는 성경을 통해서, 아담은 살아있는 혼(a living soul)이었음을 알고 있다. 그렇다면 그리스도는 누구 또는 무엇인가? 살려주는 영(A quickening Spirit)이시다. "그 안에 생명이 있었으니 이 생명은 사람들의 빛이라."(요 1:4) 이 생명은 천사들의 빛이었는가? 그렇지 않다. 사람들의 빛이었다. 게다가 이 생명은 이스라엘만을 위한 것이 아니었다. 유대인의 교만은 그런 은혜를 좋아하지 않았다.

우리 주님이 나사렛에 이르러 안식일에 회당에 들어가셔서 이사야 선지자의 책을 폈던 곳으로 가보자. 주님은 이사야 61장을 읽으셨다. "주 여호와의 신이 내게 임하셨으니 이는 여호와께서 내게 기름을 부으사 가난한 자에게 아름다운 소식을 전하게 하려 하심이라."(1절) 그리고 2절의 중간 부분에서, 즉 "여호와의 은혜의 해…을 전파하여"까지 읽고서 멈추신 주님은 이 예언의 말씀을 가리키며 "이 글이 오늘날 너희 귀에 응하였느니라"(눅 4:21)고 선언하셨다. 이로써 "여호와의 은혜의 해"와 "우리 하나님의 복수의 날"을 구분하셨다. 주님이 "여호와의 은혜의 해"까지 읽었을 때, "책을 덮어 그 맡은 자에게 주시고 앉으시니 회당에 있는 자들이 다 주목하여" 보았고(눅 4:20), 이후에 모든 사람에게 은혜의 말씀을 전하셨다.

주님은 과연 진리를 말씀하셨는가? 우리 영혼을 위한 것이 이 사실에 달려 있다. 과연 주님은 여호와의 영에 의해서 예언된 분이셨으며, 하나님 아버지께서 인치신 분이셨는가? 만일 그렇다면, 당신의 구원은 주 예수님께 달려 있다. 사람들은 은혜의 말씀이 어렵다고 하는데, 정말 어려운 것일까? 그리스도 안에서 베푸시는 하나님의 충만한 자비하심을 따라서 하나님이 우리를 구원하시는 일이 어렵다는 것이 말이 되는가? 지금 구원하는 일을 하시는 주님은 머지않아 심판장이 되어 심판하는 일을 하실 것이다. 하나님은 "정하신 사람으로 하여금 천하를 공의로 심판할 날을 작정하셨다."(행 17:31) 이렇게 정하신 사람이 바로 하나님이 죽은 자 가운데서 다시 살리신 예수시다. 이렇게 하나님은 "저를 죽은 자 가운데서 다시 살리신 것으로 모든 사람에게 믿을 만한 증거를 주셨다."(행 17:31) 당신이 지금 그리스도 안에 있는 사람이 아니라고 할 것 같으면, 당신은 당신을 심판하실 재판장이신 그분 앞에 서게 될 것이다.

당신이 그분을 재판장으로 대면하게 될 때에는, 거기엔 구원의 기회가 없을 것이란 사실을 기억하라. 그분은 자신을 믿는 모든 사람의 심판을 대신 감당하고자 죽음의 자리까지 내려가셨다. 이것은 그야말로 무한한 사랑이 아닌가? 그렇다. 하지만 그 이상이 있다. 그것은 의(義)를 이루는 일이었다. 그리스도께서 죄인들에게 내려진 심판을 대신 받으신 것은 힘에 의한 것이 아니라, 대신 고난을 받음으로써 이루어졌다. 그리스도는 고난을 당하셨으며, 의인으로서 불의한 자를 대신하셨다. 이는 우리를 하나님 앞으로 인도하려는 것이었다. 이런 것은 분명 길에 대한 설명이며 또한 구원의 목적에 대한 설명이다. 하지만 만일 그리스도께서 하나님이시지만 사람이 아니라면, 이 모든 것은 신화에 불과하게 된다. 만일 그리스도께서 우리와 함께 하시는 임마누엘 하나님이 아니시라면, 이 모든 진리를 함께 묶을 수 있는 것은 없다.

유대인들은 장차 다른 방법으로 회복을 받게 될 것이지만, 동일한 주님을 믿는 믿음으로 그리 될 것이다. 그리스도를 하나님과 나 사이의 관계를 화목시켜 주는 화목제물로 삼지 않는다면, 복음은 있을 수 없다. 왜냐하면 그리스도가 사람이 아니라면, 그는 나에게 다가오실 수 없기 때문이다. 그래서 예수께서 사람이 되어 오셨고, 하나님의 뜻을 행하려는 일념을 가진 사람으로 사셨다. 그런 생명은 무엇이었을까? 그는 아버지로 인하여 사는 삶을 사셨다(요 6:57). 그런 삶은 그 자체로 흔들림 없는 복종과 끊임없는 순종을 의미한다. 그리스도께서 그런 삶을 사시기 전까지 그 정도의 순종의 능력을 가진 사람은 없었다. 이런 삶이 없다면, 어느 누구도 믿음으로 행하고 또 하나님의 임재 속에서 행하면서, 하나님을 기쁘시게 해드리는 일을 할 수 없다. 그러므로 하나님을 기쁘게 해드리려면, 이런 생명이 절대적으로 필요하다.

"하나님의 사랑이 우리에게 이렇게 나타난 바 되었으니."(요일 4:9) 이렇게 사랑이 나타난 것이 하나님이 율법을 주셨기 때문인가? 그렇지 않다. 율법은 범죄한 사람에게 정죄 외엔 아무 것도 줄 수 없다. 율법 그 자체는 의로운 것이지만, 율법이 최선의 기능을 다하게 되면 사람은 자신의 비참한 상태를 그대로 느낄 수 밖에 없다. 반면 사랑은 "하나님이 자기의 독생자를 세상에 보내심은 우리로 하여금 저로 말미암아 살게 하려는(we might live through him)" 것이었다(요일 4:9, 다비역). 이 일은 그리스도의 위격에 속한 영광을 드러나게 했다. 그리스도는 하나님의 아들이셨으며, 이 세상의 모든 것 너머에, 위에, 밖에 계신 분이셨다. 그분은 창조되지 않은 분이셨다. 아니 창조주이셨으며, 영원한 하나님의 말씀이셨다. 이제 사람이 하나님을 향해 살고 또 복을 받으려면, 이러한 그리스도의 영광의 복음을 믿고, 받아들일 뿐만 아니라 나의 신앙의 토대로 삼아야 한다.

우리 생명과 삶의 실체

그렇다면 이 독생자를 보내신 목적은 무엇이었을까? "우리로 하여금 저로 말미암아 살게 하려는"(요일 4:9)

것이었다. 우리는 하나님을 미워했고, 우리 자신을 위해 살면서 불순종했고, 오로지 나 자신의 정욕과 쾌락만을 위해 살았다. 이런 삶은 죄 외엔 아무 것도 아니다. 우리가 우리의 뜻을 행하며 살고자 할 때마다, 우리는 죄를 짓는다. 그렇게 태어난 우리는 그렇게 살아갈 수밖에 없다. 이런 삶의 끝은 무엇이겠는가? 하나님이 영광을 받으시는 것인가 아니면 하나님에게 멀리 떠나야만 하며, 영원한 형벌을 받는 것인가? 아! 우리는 새로운 생명을 필요로 한다. 우리는 새 생명을 간절히 원해야 한다. 어디서 그것을 찾을 수 있는가? 아담 안에서가 아니라, 그리스도 안에서 찾을 수 있다.

아담은 우리에게 오로지 그의 타락한 본성만을 전해 주었다. 하지만 그리스도 안에서 우리는 오로지 아버지의 뜻을 행하시고 또 새로운 가족의 머리로서 생명을 주는 영이신 분을 알게 되었다. 이제 그 그리스도를 바라보고 생명을 얻으라. 하나님은 그리스도를 믿는 자는 누구나 영생을 얻고 구원을 얻을 것이라고 선언하신다. 이 어떠한 은혜인가! 이것이야말로 확실하고 또 유일한 길이다. "나로 말미암지 않고는 아버지께로 올 자가 없느니라."(요 14:6)

문제는 이 질문에 대한 대답을 통해서 해결된다. 즉 나는 나의 생각을 더 선호하는가, 아니면 하나님의 말씀을 더 선호하는가? 당신은 이제 당신 자신을 신뢰할 것인가, 아니면 그리스도를 신뢰할 것인가? 당신은 이 질문에 답해야 한다. 만일 당신의 노력을 더 의존하고 있다면, 당신은 상한 갈대를 붙잡고 있을 뿐이다. 하나님은 나에게 하나님의 독생자이신 그리스도를 믿으라고 호소하신다. 그리스도가 그럴 만한 가치가 없는 분이신가? 과연 하나님이 진실하지 않은 분이신가? 하나님은 우리가 하나님의 아들 그리스도를 믿고 생명을 얻도록,

자신의 아들을 이 세상에 보내셨다. 심지어 내가 하나님의 말씀을 읽고 싶어 하고, 하나님께 기도하고 또 하나님의 뜻을 행하고 싶어 하는 열망으로 타오른다 해도, 내가 행한 악한 일들이 있는데 그 악들은 어찌할 것인가?

게다가 신자로서 나는 여전히 내 속에 악이 있음을 느끼며, 계속해서 나 자신이 악으로 기우는 것을 느낀다. 사실 내 속에는 육신 또는 옛 본성이 있기에, 교만, 이기심, 허영심, 자기고집, 자기의를 내세우며, 또한 쉽게 화를 내는 기질 등이 언제라도 튀어나올 수 있다. 우리 영혼이 이러한 성향으로 자연스럽게 기우는 것을 어떻게 막을 수 있는가? 당신이 회심했긴 하지만, 과연 이런 육신성을 피할 수 있는 힘이 있는가? 회심은 자기 중심적인 마음, 생각, 방식으로부터 하나님께로 돌아서는 것을 의미한다. 회심이전 뿐만 아니라 회심이후에도, 여전히 이처럼 악한 것들에 자주 빠진다면, 이러한 악한 것들을 어떻게 처리해야 하는가?

하나님을 의존하고 하나님을 기쁘시게 해드릴 수 있는 생명

새 생명은 그 자체로 하나님을 의존하는 생명이다. 하나님을 바라보고 의지하는 것보다 사람에게 더 필요한 것이 무엇이 있겠는가? 하지만 나쁜 양심을 가지고 있다면, 어떻게 하나님을 바라보고 의지하는 일을 할 수 있는가? 그처럼 비참한 상태에 있는 사람은, 하나님을 자기 삶에서 몰아냄으로써, 오로지 자신만을 생각하고 게다가 하나님을 생각하는 일을 멈추는 것 외엔 기쁜 일이 없을 것이다.

하지만 하나님의 은혜가 그리스도의 피를 통해서 치

료책을 제공했다. 속죄사역은 이미 이루어졌다. 그럼에도 자연스러운 진실은, 사람들은 즉시 구원받기를 원하지 않는다는 것이다. 그들은 세상과 조금 더 오랫동안 지내고 싶어 한다. 도대체 언제까지 그처럼 허망한 삶을 살 것인가? 우리가 지은 죄들을 영원히 도말하려면 그리스도의 죽음이 필요했던 것처럼, 이제 하나님을 향해 살려면 우리에겐 그리스도의 생명이 절대적으로 필요하다!

만일 당신의 죄들에 대한 처벌이 당신의 죽음이라면, 당신은 영원히 잃어버린 사람이 될 것이다. 만일 그것이 그리스도의 죽음이라면, 그리고 당신이 그리스도를 믿는다면, 얼마나 복된 일인가! 영원한 생명이신 그리스도께서 당신이 지은 죄들을 대신 속죄하기 위해서, 즉 대속(代贖)적인 죽음을 죽고자 이 세상에 오셨다. 그리고 우리의 죄들을 없이 해주셨다. 이제 그리스도는 "길이요, 진리요, 생명"이시다. 그분이 사람이 되신 것은 나의 모든 죄들을 없이 하려는 것일 뿐만 아니라, 나로 하여금 이 세상에서부터 그리스도 안에 있는 생명, 즉 영생에 참여하는 자가 되게 하려는 것이다. 이것이 바로 하나님의 아들에 대한 하나님의 증언이다. 그래서 성경은 "아들을 믿는 자는 영생이 있다"(요 3:36)고 선언한다. 따라서 나는 지금 생명을 받았고, 생명을 얻은 사람이다. 이 말은 더 이상 나의 옛 생명을 따라 사는 것이 아니라, 그리스도의 생명으로 살 수 있게 되었다는 의미다.

우리가 그리스도 안에 있는 생명을 받는 순간, 우리가 지은 죄들에 대해서 미워하고 또 참을 수 없어 하는 감각을 갖게 된다. 과거 우리가 했던 모든 행동들의 뿌리와 중심에는 자아가 있었고 또 육신이 있었다. 만일 당신이 새 생명을 받았다면, 당신은 그리스도 안에서 당신의 죄들을 해결해버린 그리스도의 죽음이 가지고 있는 효력을 가지고 있다. 이것이 바로 구원이다. 다시 말해서 죄 사함을 받고 또 새 생명을 받는 것이 구원을 받는 것이다. 그리스도 안에서의 생명에 대해선 아무런 언급도 하지 않은 채, 그저 우리의 죄들이 피를 통해서 사함을 받았다는 사실만을 전하고 거기에 만족하고 또 거기서 멈추는 것은 슬픈 일이 아닐 수 없다. 그것은 그야말로 그리스도의 죽음만을 전하고, 그리스도의 부활과 그리스도의 생명은 전하지 않는 것이다. 그런 식의 복음은 하나님이 제시하신 복음 가운데서 사람이 원하는 것만을 뽑아내어 제시하는 것일 뿐이다. 죄용서 또는 죄 사함만을 제시함으로써 마음의 안도감을 줄 수 있을지 모르지만, 하나님께 헌신된 삶은 상실하게 될 것이다. 한쪽 면만을 선택하는 것은 성도들에게 충분하지 않을 뿐만 아니라, 하나님의 영광에도 합당하지 않다. 우리는 복의 일부만을 가질 수 없다. 그리스도의 일부가 아니라 그리스도의 전부를 원해야 한다.

그리스도의 생명으로 사는 것이 하나님의 뜻이다

하나님의 뜻은, 모든 신자가 새 생명으로 사는 것이며, 그리스도의 생명에 의해서 사는 것이다. 다시 말해서 이 새 생명은 거듭난 모든 영혼이 하나님에게서 받은 생명인 것이다. 하나님은 사람이 자신의 생각으로 사는 것보다, 그리스도의 생명으로 사는 것을 바라신다. 진실은 이렇다. 사람은 반드시 믿음으로 살아야 하는데, 믿음으로 사는 삶은 사람의 관념, 심지어는 사람의 양심을 따라 사는 삶이 아니라, 그리스도의 삶을 재현하는 것이어야만 한다. 아담의 아들로서 자연인의 생명으로 살았던 것처럼, 신자는 이제 그리스도 안에 있는 신성한 새 생명으로 살아야 한다. 그렇다면 혹 이 새 생명을 잃어버리는 일이 가능할까? 성경은 이 생명을 영원한 생명이라고 부르는데, 영원하다는 뜻이 무엇인가? 한번 얻은 영생은 잃어버릴 수 없다. 하지만 영생의 기쁨, 또는 영생으로 사는 삶의 기쁨은 얼마든지 잃어버릴 가능성이 있다.

이제 신자에게 중요한 것은, 자신을 신뢰하지 않는 법을 배우는 것이다. 자신의 연약성에 빠지고, 하나님의 신실하심을 의심하는 일은 언제든 일어날 수 있지만, 그에 대한 잘못을 하나님과 하나님의 말씀에 돌리는 것은 아주 잘못된 일이다. 그렇게 되면 그리스도의 생명은 운동력 있게 역사할 수가 없다. 만일 어떤 식으로든 새 생명이 자아에 함몰되어 버린다면, 그는 곧 치료 불가능한 침륜 상태에 빠지게 될 것이다. 사람들은 이런 경우 "성도의 견인(the perseverance of the saints)"을 말하면서, 그저 굳게 붙들고 있으면 된다고 생각한다. 하지만 성경은 내가 붙드는 것이 아니라, 하나님이 나를 붙들어

주심을 말하고 있다(요 10:28,29). 그래서 사도 베드로는 "구원을 얻기 위하여 믿음으로 말미암아 하나님의 능력으로 보호하심을 입었나니"(벧전 1:5)라고 말했다. 이것은 나의 힘에 의한 나의 견인이 아니라, (나의 믿음을 통해서 나를 지켜주시는) 하나님의 능력에 의한 하나님의 견인을 의미한다.

당신은 하나님이 범죄한 죄인을 긍휼로 가득한 눈으로 보시지 않는다고 생각하는가? 예수의 이름으로 하나님 앞으로 나아와, 당신이 지은 죄들을 가감 없이 고백하라. 하나님은 우리가 지은 가장 나쁜 짓까지 다 아신다. 그래서 나는 모든 것을 다 하나님께 말씀드릴 수 있는데, 나의 인생에 처음으로 이렇게 해보는 일은 나의 영혼에 결코 작은 복이 아니다. 이렇게 할 수만 있다면, 나는 하나님 앞에서 실제적으로 정직한 사람이 될 뿐만 아니라 시편 32편에서 말하는 "마음에 간사가 없는"(2

절) 사람이 된다. 이제 주저할 필요가 없다. 게다가 하나님 앞에서 그 무엇도 숨길 수 없으며, 숨기려고 할 필요도 없다. 우리 구주 예수 그리스도께서 십자가에 달리셨고, 그 옆구리에선 보배로운 피와 물이 흘러나왔다. 이로써 구주께서는 자기에게 나아오는 모든 사람을 위하여 "의인으로서 불의한 자를 대신하셨으니 이는 우리를 하나님 앞으로 인도하려"(벧전 3:18) 하셨는데, 나는 어째서 그것을 그저 바라보고 있어야만 하는 것인가? 베드로전서 3장 18절을 직접 읽어보길 바란다.

신자의 탁월한 삶과 행실은 그리스도의 생명으로부터 나온다

신자로서 탁월한 삶과 행실은 그리스도 안에 있는 생명으로부터 흘러나오며, 마음의 평안을 누리는 삶은 나 자신이 하나님 앞에 깨끗해진 사람으로 서있다는 복된 사실을 아는 것에 기초하고 있다. 그리스도의 죽음은 죄에 대한 나의 책임과 나를 묶고 있던 죄의 굴레를 벗어버리게 해주었다. 그렇다면 이제 나의 생명과 삶의 원천은 무엇이어야 하는가? 새 생명이다. 새 생명으로 살고, 더 이상 옛 생명으로 살지 않으려면 어떻게 해야 하는가? 어떻게 해야 옛 생명을 죽일 수 있는가? 당신은 어쩌면 이렇게 대답할 것이다. "옛 사람을 죽여야 하지만, 바라는 대로 잘 되지는 않네요." 하지만 하나님은 나에게, 정말 믿는 사람이라면, 또 다른 본성, 즉 그리스도 안에 있는 새 생명을 주셨다고 선언하신다.

니고데모는 예수께서 가르치시는 여러 가지 교훈을 듣고 순종해야 했지만, 우선적으로 자신이 거듭나야만 한다는 사실을, 즉 새롭게 태어나는 경험을 해야 한다는 진실을 배워야만 했다*. 니고데모는 밤에 예수를 찾아왔지만, 결코 빈손으로 돌아가지 않았다. 이처럼 한 영혼이 간절한 원함을 가지고서 실제적으로 하나님 앞으로 나아가면, 누구나 항상 주 예수를 통해서 그 원하는 것을 받는다는 사실을 얼마든지 확신해도 좋다. 한 영혼이 믿음으로 구하기만 하면, 하나님은 반드시 응답하신다. 은혜는 결코 빈 손으로 돌려보내는 법이 없다.

그리스도를 바라본 사람 가운데, 그리스도를 발견하지 못한 사람이 누군가? 그리스도는 "내가 곧 길이요 진리요 생명이니"라고 말씀하셨다. 그리스도는 우리가 처해 있는 모든 위험, 악, 그리고 죄로부터 벗어날 수 있게 해주는 유일한 길이시다. 당신이 진정 그리스도의

---

* 혹 독자 가운데 나 자신이 진짜 거듭났는지, 그렇지 않은지 확신하지 못하는 분이 계시다면, 형제들의집에서 출간한 "이것이 거듭남이다/알프레드 깁스 저", "당신은 진짜 거듭났는가/아더 핑크 저", "성경에서 말하는 회심/ C.H. 매킨토시 저" 이란 책을 추천드린다. 이 세 권의 책은 거듭남의 문제를 속 시원하게 해줄, 최고의 책이다.

피를 믿는다면, 그 피는 지금 당신을 아무 흠도 점도 없는 상태, 즉 죄의 얼룩이라곤 조금도 찾을 수 없는 상태로 하나님 앞에 서게 해줄 것이다. "그 아들 예수의 피가 우리를 모든 죄에서 깨끗하게"(요일 1:7) 하기 때문이다. 만일 당신이 그리스도를 마음에 영접했다면, 당신은 그리스도 안에 있는 생명을 받아들인 것이다. 인간의 자연적인 본성과 성품만으로는 하나님을 기쁘시게 하는 일을 할 수 없다. 믿음이 생명, 용서, 평안, 힘, 그리고 궁핍한 영혼에게 필요한 모든 것을 받게 해주는 방법이자 수단이다. 게다가 믿음은 항상 하나님이 말씀하시고 또 하나님이 그리스도 안에서 행하시고 또 주시는 것을 굳게 붙잡는다. 그리고 말씀을 들을 때 믿음을 일으키는 것은 바로 진리의 영(the Spirit of truth)이시다. 따라서 우리 영혼에 말씀을 적용시키는 일을 하시는 성령의 역사가 얼마나 중요한가를 볼 수 있다.

하나님을 기쁘시게 하는 삶을 살려면 말씀과 하나님의 영 모두 중요하지만, 생명을 위한 그리스도가 없다면, 우리의 죄들을 없이 해준 그리스도의 죽음은 우리 영혼에 아무 힘도 발휘하지 못한다. 길이요 진리요 생명이신 그리스도를, 부분적으로가 아니라 전체적으로 받아들인 사람만이 참 그리스도인이다.

그리스도를 전체적으로 받아들인 이여, 이제 그리스도인의 삶을 살아가라.

W.K.

형제들의 집 도서 안내

1. 조지 뮐러 영성의 비밀
   조지 뮐러 지음/이종수 옮김/값 1,000원
2. 수백만을 감동시킨 사람을 감동시킨 바로 그 사람: 헨리 무어하우스
   존 A. 비올리 지음/이종수 옮김/값 1,000원
3. 내 영혼의 만족의 노래
   W.T.P 월스톤 지음/이종수 옮김/값 1,000원
4. 모든 일을 하나님의 영광을 위하여 하라
   해리 아이언사이드 지음/이종수 옮김/값 1,000원
5. 잃어버린 영혼을 위해서 어떻게 기도해야 하는가
   오스왈드 샌더스, 찰스 스펄전 지음/이종수 옮김/값 1,000원
6. 윌리암 켈리의 칭의의 은혜(개정판)
   윌리암 켈리 지음/이종수 옮김/값 6,000원
7. 이것이 거듭남이다(개정판)
   알프레드 깁스 지음/이종수 옮김/값 9,000원
8. 존 넬슨 다비의 영성있는 복음
   존 넬슨 다비 지음/이종수 옮김/값 5,000원
9. 로버트 클리버 채프만의 사랑의 영성
   로버트 C. 채프만 지음/이종수 옮김/값 5,000원
10. 영성을 깊게 하는 레위기 묵상
    C.H. 매킨토시 외 지음/이종수 옮김/값 5,000원
11. 존 넬슨 다비의 성경주석: 빌립보서
    존 넬슨 다비 지음/이종수 옮김/값 5,000원
12. 존 넬슨 다비의 히브리서 묵상(개정판)
    존 넬슨 다비 지음/정병은 옮김/값 11,000원
13. 조지 커팅의 영적 자유
    조지 커팅 지음/이종수 옮김/값 4,000원
14. 윌리암 켈리의 해방의 체험(개정판)
    윌리암 켈리 지음/이종수 옮김/값 4,500원
15. 존 넬슨 다비의 성경주석: 골로새서(개정판)
    존 넬슨 다비 지음/이종수 옮김/값 8,000원
16. 구원 얻는 기도
    이종수 지음/값 5,000원
17. 영혼의 성화
    프랭크 빈포드 호올 지음/이종수 옮김/값 1,000원
18. 당신은 진짜 거듭났는가?
    아더 핑크 지음/박선희 옮김/값 4,500원
19. C.H. 매킨토시의 완전한 구원(개정판)
    C.H. 매킨토시 지음/이종수 옮김/값 5,500원
20. 존 넬슨 다비의 하나님의 뜻을 분별하는 법
    존 넬슨 다비 지음/이종수 옮김/값 1,000원

21. 존 넬슨 다비의 성경주석: 요한계시록
존 넬슨 다비 지음/이종수 옮김/값 10,000원
22. 주 안에 거하라
해밀턴 스미스, 허드슨 테일러 지음/이종수 옮김/값 1,000원
23. C.H. 매킨토시의 하나님의 선물
C.H. 매킨토시 지음/이종수 옮김/값 4,000원
24. 존 넬슨 다비의 성경주석: 에베소서
존 넬슨 다비 지음/이종수 옮김/값 8,000원
25. 존 넬슨 다비의 영적 해방
존 넬슨 다비 지음/문영권 옮김/값 7,000원
26. 건강하고 행복한 그리스도인이 되는 법
어거스트 반 린, J. 드와이트 펜테코스트 지음/값 1,000원
27. 존 넬슨 다비의 성경주석: 로마서
존 넬슨 다비 지음/문영권 옮김/값 12,000원
28. 존 넬슨 다비의 성화의 길
존 넬슨 다비 지음/이종수 옮김/값 4,500원
29. 기독교 신앙에 회의적인 사랑하는 나의 친구에게
로버트 A. 래이드로 지음/박선희 옮김/값 5,000원
30. 이수원 선교사 이야기
더글라스 나이스웬더 지음/이종수 옮김/값 5,000원
31. 체험을 위한 성령의 내주, 그리고 충만
조지 커팅 지음/이종수 옮김/값 4,500원
32. 존 넬슨 다비의 성경주석: 갈라디아서
존 넬슨 다비 지음/이종수 옮김/값 4,800원
33. 존 넬슨 다비의 성경주석: 요한서신서·유다서
존 넬슨 다비 지음/문영권 옮김/값 8,000원
34. 존 넬슨 다비의 성경주석: 데살로니가전·후서
존 넬슨 다비 지음/이종수 옮김/값 8,000원
35. 그리스도와의 연합과 구원(성경공부교재)
문영권 지음/값 2,500원
36. 그리스도와의 연합과 성화(성경공부교재)
문영권 지음/값 3,000원
37. 사도라 불린 영적 거장들
이종수 지음/값 7,000원
38. 당신은 진짜 하나님을 신뢰하는가(개정판)
조지 뮬러 지음/이종수 옮김/값 5,500원
39. 그리스도와 연합된 천상적 교회가 가진 영광스러운 교회의 소망
존 넬슨 다비 지음/문영권 옮김/값 13,000원
40. 가나안 영적 전쟁과 하나님의 전신갑주
존 넬슨 다비 지음/이종수 옮김/값 2,000원

41. 죄 사함, 칭의 그리고 성화의 진리
고든 헨리 해이호우 지음/ 이종수 옮김/ 값 2,000원
42. 하나님을 찾는 지성인, 이것이 궁금하다!
김종만 지음/ 값 10,000원
43. 이것이 그리스도의 심판대이다
이종수 엮음/ 값 8,000원
44. 존 넬슨 다비의 성경주석: 마태복음
존 넬슨 다비 지음/이종수 옮김/값 16,000원
45. C.H. 매킨토시의 하나님에 관한 진실
C.H. 매킨토시 지음/이종수 옮김/값 1,000원
46. 존 넬슨 다비의 성경주석: 여호수아
존 넬슨 다비 지음/문영권 옮김/값 8,000원
47. 찰스 스탠리의 당신의 남편은 누구인가
찰스 스탠리 지음/ 이종수 옮김/ 값 4,000원
48. 존 넬슨 다비의 성령론
존 넬슨 다비 지음/이종수 옮김/값 13,000원
49. 존 넬슨 다비의 영적 해방의 실제
존 넬슨 다비 지음/이종수 옮김/값 5,000원
50. 존 넬슨 다비의 주요사상연구: 다비와 친구되기
문영권 지음/값 5,000원
51. 존 넬슨 다비의 죽음 이후 영혼의 상태
존 넬슨 다비 지음/이종수 옮김/값 5,000원
52. 신학자 존 넬슨 다비 평전
이종수 지음/ 값 7,000원
53. 존 넬슨 다비의 요한복음 묵상
존 넬슨 다비 지음/이종수 옮김/값 8,000원
54. 프레드릭 W. 그랜트의 영적 해방이란 무엇인가
프레드릭 W. 그랜트 지음/이종수 옮김/값 4,500원
55. 홍해와 요단강을 통해서 나타난 하나님의 구원
윌리암 켈리 지음/ 이종수 옮김/ 값 4,800원
56. 그리스도와의 연합을 위한 성령의 역사
윌리암 켈리 지음/ 이종수 옮김/ 값 19,000원
57. 누가, 그리스도인인가?
시드니 롱 제이콥 지음/ 박영민 옮김/ 값 7,000원
58. 선교사가 결코 쓰지 않은 편지
프레드릭 L. 코신 지음 / 이종수 옮김/ 값 9,000원
59. 사랑의 영성으로 성자의 삶을 살다간 로버트 채프만
프랭크 홈즈 지음 / 이종수 옮김/ 값 8,500원
60. 므비보셋, 룻, 그리고 욥 이야기
찰스 스탠리 지음 / 이종수 옮김/ 값 7,500원

61. 구원의 근본 진리
                    에드워드 데넷 지음 / 이종수 옮김/ 값 6,500원
62. 회복된 진리, 6+1
                    에드워드 데넷 지음/ 이종수 옮김/ 값 6,000원
63. 당신의 상상보다 더 큰 구원
                    프랭크 빈포드 호올 지음/ 이종수 옮김/ 값 6,500원
64. 뿌리 깊은 영성의 그리스도인으로 사는 법
                    찰스 앤드류 코우츠 지음/ 이종수 옮김/ 값 9,000원
65. 천국의 비밀 : 천국, 하나님 나라, 그리고 교회의 차이
        프레드릭 W. 그랜트 & 아달펠트 P. 세실 지음/이종수 옮김/ 값 7,000원
66. 존 넬슨 다비의 성경주석: 베드로전·후서
                    존 넬슨 다비 지음/장세학 옮김/ 값 7,500원
67. 존 넬슨 다비의 영광스러운 구원
                    존 넬슨 다비 지음/이종수 엮음/ 값 15,000원
68. 어린양의 신부
        W.T.P. 월스톤 & 해밀턴 스미스 지음/ 박선희 옮김/ 값 10,000원
69. 성경에서 말하는 회심
                    C.H. 매킨토시 지음/ 이종수 옮김/ 값 6,000원
70. 십자가에서 천년통치에 이르는 그리스도의 길
                    존 R. 칼드웰 지음/ 이종수 옮김/ 값 7,500원
71. 그리스도와의 연합이란 무엇인가?
                    에드워드 데넷 지음/ 이종수 옮김/ 값 9,000원
72. 하늘의 부르심 vs. 교회의 부르심
                    존 기포드 벨렛 지음/ 이종수 옮김/ 값 16,000원
73. 당신은 진짜 새로운 피조물인가
                    존 넬슨 다비 외 지음/ 이종수 옮김/ 값 12,000원
74. 플리머스 형제단 이야기
                    앤드류 밀러 지음/ 이종수 옮김/ 값 14,000원
75. 바울의 복음, 그리스도의 영광의 복음
                    존 기포드 벨렛 지음/ 이종수 옮김/ 값 9,000원
76. 악과 고통, 그리고 시련의 문제
                    이종수 지음/ 값 9,000원
77. 요한계시록 일곱 교회를 향한 예언 메시지
                    존 넬슨 다비 지음/이종수 옮김/ 값 18,000원
78. 영광스러운 구원, 어떻게 받는가
                    존 넬슨 다비 지음/이종수 엮음/ 값 13,000원
79. 영광스러운 교회의 길
                    존 넬슨 다비 지음/이종수 엮음/ 값 22,000원
80. 존 넬슨 다비의 성경주석: 디모데전후서, 디도서, 빌레몬서
                    존 넬슨 다비 지음/이종수 옮김/ 값 15,000원

81. 성경을 아는 지식
　　　　　　　　　존 넬슨 다비 지음/이종수 엮음/ 값 18,500원
82. 십자가의 도
　　　　　　　　　존 넬슨 다비 지음/이종수 엮음/ 값 13,500원
83. 존 넬슨 다비의 성경주석: 고린도전후서
　　　　　　　　　존 넬슨 다비 지음/이종수 옮김/값 18,500원
84. 존 넬슨 다비의 성경주석: 사도행전
　　　　　　　　　존 넬슨 다비 지음/이종수 옮김/값 17,000원
85. 그리스도와의 연합을 위한 사도 바울의 기도
　　　　　　　　　존 넬슨 다비 지음/이종수 엮음/값 10,000원
86. 빌라델비아 교회의 길
　　　　　　　　　해밀턴 스미스 지음/이종수 옮김/값 10,000원
87. 무명한 자 같으나 유명한 존 넬슨 다비 전기
　　　　　　　윌리암 터너, 에드윈 크로스 지음/이종수 옮김/값 12,000원
88. 성경의 핵심용어 해설
　　　　　　　　　데이빗 구딩, 존 레녹스 지음/허성훈 옮김/값 9,000원
89. 존 넬슨 다비의 성경주석: 히브리서, 야고보서
　　　　　　　　　존 넬슨 다비 지음/이종수 옮김/값 17,500원
90. 존 넬슨 다비의 성경주석: 요한복음
　　　　　　　　　존 넬슨 다비 지음/이종수 옮김/값 17,000원
91. 신부의 노래
　　　　　　　　　해밀턴 스미스 지음/이종수 옮김/값 10,000원
92. 에클레시아의 비밀
　　　　　　　　　해밀턴 스미스 지음/이종수 옮김/값 10,000원
93. 존 넬슨 다비의 성경주석: 누가복음
　　　　　　　　　존 넬슨 다비 지음/이종수 옮김/값 13,500원
94. 예수 그리스도를 따라 맨 밑바닥까지 내려가는 아름다움
　　　　　　　　　조지 위그램 지음/이종수 옮김/값 7,000원
95. 죄 사함과 죄로부터의 완전한 자유
　　　　　　　　　조지 커팅 지음/이종수 옮김/값 7,000원
96. 성령의 성화
　　　　　　　　　윌리암 켈리 지음/이종수 옮김/값 6,500원
97. 하나님의 義란 무엇인가
　　　　　　　　　윌리암 켈리 지음/이종수 옮김/값 9,000원
98. 길이요 진리요 생명이신 그리스도
　　　　　　　　　윌리암 켈리 지음/이종수 옮김/값 6,500원

지성과 영성의 거장 윌리암 켈리 시리즈

칭의의 은혜
윌리암 켈리 지음
값 6,000원

로마서에 나타난 칭의의 은혜를 얻게 되면, 하나님과의 화평을 누리고, 하나님의 영광을 바라며 즐거워하는 존재가 된다. 이로써 환난 중에도 즐거워하게 된다.

홍해와 요단강을 통해서 나타난
하나님의 구원
윌리암 켈리 지음
값 4,800원

홍해와 요단강은 둘 다 그리스도의 죽음을 상징하고 있지만, 적용점이 다르다. 이 둘을 모두 우리의 믿음에 적용하는 법을 배우게 되면, 우리의 신앙은 놀랍게 변화될 것이다.

해방의 체험
윌리암 켈리 지음
값 4,500원

믿음으로 의롭게 된 사람은 자기 속에 거하는 죄성과 육신 때문에 필연적으로 로마서 7장 상태에 떨어지게 된다. 어떻게 로마서 7장을 벗어날 수 있는가? 그것이 바로 해방의 체험이다.

그리스도와의 연합을 위한
성령의 역사
윌리암 켈리 지음
값 19,000원

신약성경을 관통하는 성령의 역사에 대해서 조명한 책으로, 그리스도와의 연합을 위해서 역사하시는 성령의 사역과 역사에 대해서 소개하고 있다.

성령의 성화
윌리암 켈리 지음
값 6,500원

오늘날 거의 알려진 적이 없는 성령의 성화, 우리는 성령의 성화를 통해서 하나님과의 관계 속에서 가장 심오한 기쁨 속으로 들어갈 수 있다.

하나님의 의란 무엇인가
윌리암 켈리 지음
값 9,000원

이신득의를 통해서, 우리는 하나님의 의를 그대로 받은 영광스러운 존재가 된다. 그리고 영적 해방과 그리스도와의 연합으로 들어갈 수 있는 견고한 토대 위에 서게 된다.

길이요 진리요 생명이신 그리스도
윌리암 켈리 지음
값 6,500원

길이요 진리요 생명이신 그리스도를 부분이 아닌, 전부를 믿고 받아들일 때, 복음이 주는 기쁨과 희열을 누릴 수 있다. 나는 죽고 그리스도로 사는 삶으로 들어가는 길을 제시하고 있다.

플리머스 형제단 최고의 신학자 존 넬슨 다비 시리즈

하나님의 은혜의 경륜의
중심에 있는
그리스도와의 연합이란
진리를 따라
성경 전체를
조망한 주석을 만난다!

다비성경주석 시리즈 전 18권 | 201,800원 => 181,620원

1. 성경주석: 마태복음/ J.N. 다비/ 16,000원
2. 성경주석: 마가복음/ J.N. 다비/ 8,500원
3. 성경주석: 누가복음/ J.N. 다비/ 13,500원
4. 성경주석: 요한복음/ J.N. 다비/ 17,000원
5. 성경주석: 사도행전/ J.N. 다비/ 17,000원
6. 성경주석: 로마서/ J.N. 다비/ 12,000원
7. 성경주석: 고린도전후서/ J.N. 다비/ 18,500원
8. 성경주석: 갈라디아서/ J.N. 다비/ 4,800원
9. 성경주석: 에베소서/ J.N. 다비/ 8,000원
10. 성경주석: 빌립보서/ J.N. 다비/ 5,000원
11. 성경주석: 골로새서/ J.N. 다비/ 8,000원
12. 성경주석: 데살로니가전후서/ J.N. 다비/ 8,000원
13. 성경주석: 디모데전후서, 디도서, 빌레몬서/ J.N. 다비/ 15,000원
14. 성경주석: 히브리서, 야고보서/ J.N. 다비/ 17,500원
15. 성경주석: 베드로전후서/ J.N. 다비/ 7,500원
16. 성경주석: 요한서신서,유다서/ J.N. 다비/ 8,000원
17. 성경주석: 요한계시록/ J.N. 다비/ 10,000원
18. 성경주석: 여호수아서/ J.N. 다비/ 8,000원

존 넬슨 다비는
가는 곳마다
영적 해방과
그리스도와의 연합이란
진리를 통해서
생명을 가지고 있지만,
로마서 7장 상태에
갇혀 있는 무수한
영혼들을
들어올려
하늘에 있는 그리스도와
함께 앉게 하는
강력한 메신저였다.
다비를 만난다면,
당신의 신앙에 혁명이
일어날 것이다.

다비 저서 시리즈 전 21권
213,500원 => 192,150원

1. 사도라 불린 영적 거장들 / 7,000원
2. 존 넬슨 다비 전기 / 10,000원
3. 영광스러운 구원 / 15,000원
4. 영적 해방 / 7,000원
5. 영적 해방의 실제 / 5,000원
6. 영성있는 복음 / 5,000원
7. 십자가의 도 / 13,500원
8. 당신은 진짜 새로운 피조물인가 / 12,000원
9. 요한복음 묵상 / 8,000원
10. 히브리서 묵상 / 11,000원
11. 성령론 / 13,000원
12. 영광스러운 구원, 어떻게 얻는가 / 13,000원
13. 그리스도와의 연합을 위한 사도 바울의 기도 / 10,000원
14. 성경을 아는 지식 / 18,500원
15. 성화의 길 / 4,500원
16. 가나안 영적 전쟁과 하나님의 전신갑주 / 2,000원
17. 영광스러운 교회의 길 / 22,000원
18. 영광스러운 교회의 소망 / 13,000원
19. 죽음 이후 영혼의 상태 / 5,000원
20. 요한계시록 일곱교회를 향한 예언메시지 / 18,000원
21. 하나님의 뜻을 분별하는 법 / 1,000원

Originally published under the title of
"Christ, the Way, the Truth, and the Life"
by William Kelly
Copyright©Les Hodgett, Stem Publishing
7 Primrose Way, Cliffsend, Ramsgate, Kent, U.K.

길이요 진리요 생명이신 그리스도
ⓒ형제들의 집 2019

초판 발행 • 2019.4.22
지은이 • 윌리암 켈리
옮긴이 • 이 종 수
발행처 • 형제들의집
판권ⓒ형제들의집 2019
등록 제 7-313호(2006.2.6)
Cell. 010-9317-9103
홈페이지 http://brethrenhouse.co.kr
온라인 쇼핑몰 http://brethrenkr.shop.blogpay.co.kr
인쇄소 • (주)이모션티피에스 /
TEL : (02) 2263-6414/ www.emotiontps.com
E-mail: asharp@empas.com
ISBN 978-89-93141-05-4 03230

＊값은 뒤표지에 있습니다.
＊잘못된 책은 바꿔드립니다.
＊서점공급처는 〈생명의말씀사〉입니다. 전화(02) 3159-7979(영업부)